中国人民政治协商会议北京市委员会 组织编写

黎晓宏 总主编

老北京述闻

老北京述闻
饮食名馔

黎晓宏 主编
侯嘉 编著

北京出版集团
北京出版社

图书在版编目（CIP）数据

老北京述闻. 饮食名馔 / 中国人民政治协商会议北京市委员会组织编写；黎晓宏总主编、主编；侯嘉编著. — 北京：北京出版社，2020.10
ISBN 978-7-200-15954-7

Ⅰ. ①老… Ⅱ. ①中… ②黎… ③侯… Ⅲ. ①文化史 — 北京 — 通俗读物②饮食 — 文化 — 北京 — 通俗读物 Ⅳ. ①K291 — 49②TS971.202.1 — 49

中国版本图书馆 CIP 数据核字 (2020) 第196247号

总 策 划	安　东
责任编辑	刘　娜
责任印制	陈冬梅
装帧设计	合和工作室

老北京述闻　饮食名馔
LAOBEIJING SHUWEN　YINSHI MINGZHUAN

组织编写	中国人民政治协商会议北京市委员会
总 主 编	黎晓宏
主　　编	黎晓宏
编　著	侯　嘉
出　　版	北京出版集团
	北京出版社
地　　址	北京北三环中路 6 号
邮　　编	100120
网　　址	www.bph.com.cn
总 发 行	北京出版集团
印　　刷	河北赛文印刷有限公司
经　　销	新华书店
开　　本	787毫米×1092毫米　1/16
印　　张	11.75
字　　数	144千字
版　　次	2020年10月第1版
印　　次	2023年7月第2次印刷
书　　号	ISBN 978-7-200-15954-7
定　　价	60.00元

如有印装质量问题，由本社负责调换
质量监督电话：010-58572393

编　委　会

主　　　任：吉　林
副　主　任：黎晓宏　王　宁　隋振江　牛青山
编　　　委：吴大仓　宗　朋　张　庆　池维生　舒小峰
　　　　　　陈　冬　陈名杰　宋　宇　闫立刚　李　良
　　　　　　康　伟　曲　仲　赵　书　张　勇　赵　珩
　　　　　　刘铁梁　李建平　刘一达　赵　前　岳升阳
　　　　　　姚　安　贺　艳　杨良志　刘卫东　安　东

总　主　编：黎晓宏
副　主　编：宗　朋　杨良志　安　东　岳升阳　贺　艳

总　序

北京有三千余年建城史，八百余年建都史。古都文化源远流长，京味文化脍炙人口。讲好北京故事，述说风土人情、民间万象、人生百味，是一件非常有意义的事。

《易经·贲卦》之《象传》有言，"观乎人文，以化成天下"。这是中国古代关于"文化"的最早提法。

文化是非常广泛和最具人文意味的概念，简单来说，文化就是地区人类的生活要素形态的统称，即衣、冠、文、物、食、住、行等。

文化学的奠基者、英国人爱德华·泰勒在1871年出版的《原始文化》中，给"文化"下过描述性的定义："文化……是包括全部的知识、信仰、艺术、道德、法律、风俗以及作为社会成员的人所掌握和接受的任何其他的才能和习惯的复合体。"[1]

著名学者钱穆认为，文化这两个字，本来很难下一个清楚的定义。我们说文化是指人类的生活，人类各方面各种样的生活总括汇合起来，就叫它作文化。[2]

2014年，习近平总书记在联合国教科文组织总部的演讲中指出："中国人民在实现中国梦的进程中，将按照时代的新进步，推动中华文明创造性转化和创新性发展，激活其生命力，把跨越时空、超

---

[1] ［英］爱德华·泰勒著，连树声译：《原始文化》，上海文艺出版社1992年版，第1页。
[2] 钱穆：《国史新论》，生活·读书·新知三联书店2001年版，第346-347页。

越国度、富有永恒魅力、具有当代价值的文化精神弘扬起来,让收藏在博物馆里的文物、陈列在广阔大地上的遗产、书写在古籍里的文字都活起来,让中华文明同世界各国人民创造的丰富多彩的文明一道,为人类提供正确的精神指引和强大的精神动力。"[3]

《老北京述闻》是为贯彻落实习近平总书记关于文化建设的重要论述和对北京重要讲话精神,以及传承发展北京"四个文化"中心建设要求而策划的系列书。该系列书立足首都全国文化中心定位,着重从古都文化、京味文化等方面,讲述北京人文故事,提炼首都文化符号,探讨首都文化的特点与传承。

此系列书以"亲历、亲见、亲闻"为基本原则,以故事性为特色,行文风格活泼生动,兼顾了知识高度和可读性。

全系列书共十二卷,分别讲述了北京三千余年历史中的历史典故、人文地理、营国故事、古都文脉、戏曲曲艺、风物民俗、胡同街巷、名人故居、京城会馆、饮食名馔、史籍志书、传说故事等方面的内容,涵盖了北京的皇城文化、士大夫文化、市井文化等多方面。

北京地区出现人类活动的迹象最早可以追溯到距今七十万年以前的旧石器时代,"北京人"在这里燃起了生命之火;"东胡林人"的脚步迈入了新石器时代;雪山文化叩开了青铜时代的大门……《历史典故》卷简要、清晰地再现古老北京自有人类以来的演进脉络以及在城市发展过程中产生过重要影响的一些历史事件和人物。

北京城坐落于三面环山的冲积平原上,历史上北京的山水环境和建设哺育、维系了北京城的形成与发展,启示、影响和塑造着北京的人文理念和精神生活,为北京文化提供了丰富而深刻的内涵。《人文地理》卷带您寻找山水之间北京文化脉络的延伸。

---

[3] 习近平:《论坚持推动构建人类命运共同体》,中央文献出版社2018年版,第83页。

北京城市格局和主要建筑体现出非常典型的以"宫苑"为核心、"都城"为肌体、"京畿"为辅弼的三层空间营建重点和结构，是中国传统都城营建理念和特色的集大成者，被梁思成先生称为"都市计划的无比杰作"。《营国故事》卷按照"宫苑—都城—京畿"三大板块，对北京城营建成就给予一个相对宏观的解读，写出了一个或从故纸堆里翻检出，或从师友间听闻过，或自己亲身走访过的，"建筑意"里的老北京！

政治地位的提升，给北京注入了更强的文化凝聚力。尤其成为金中都之后，翰林院、国子监等中央文化机构相继设置，北京逐渐成为北方的文化中心。元朝统一南北，其影响力进一步扩大，来自全国各地的文化精英聚集于此。《古都文脉》卷叙述了幽燕大地上绵延传续的文化底蕴。

鲁迅先生在《论"第三种人"》中曾提道："从唱本说书里是可以产生托尔斯泰，弗罗培尔的。"这说明，戏曲曲艺艺术依着悠久的历史，其内部所蕴含的与民族文化传统一脉相承的人文价值也是不容低估的。作为元、明、清三代的首都，戏曲曲艺在这里有着不曾中断的演出历史。《戏曲曲艺》卷讲述了数百年京城各式各样老北京戏曲曲艺的讲究和旧闻。

"小孩小孩你别馋，过了腊八就是年。腊八粥你喝几天，哩哩啦啦二十三。二十三，糖瓜粘；二十四，扫房子；二十五，做豆腐；二十六，炖大肉……"《风物民俗》卷从腊八这一天讲起，老北京市井生活百里长卷自此慢慢舒展，滋养着乡愁慢慢升腾。

北京城内道路南北交错，宛如棋盘。道路宽广又有统一的标准，"自南以至于北谓之经，自东至西谓之纬。大街二十四步阔，小街十二步阔"。胡同街巷是这个城市的脉搏，是北京历史与文化的载体，亦是联结这座五朝古都过去与现在的桥梁。《胡同街巷》卷用文字丈量着北京城大大小小的胡同街巷。

名人故居是历史名人灵魂的栖居地。自元、明、清以来，作为全国政治中心和文化中心，北京城的名人故居最集中。为让名人故居中蕴含的人文信息不致湮灭，《名人故居》卷带您寻找北京城共同的文化记忆。

在老北京南城的胡同里，深藏着一群特殊的建筑，表面上看，会馆只是一些陈旧的老房子，里面却积淀着非常丰厚的历史文化内涵。近代很多重大历史事件和重要历史人物都与京城会馆有关。会馆成为当时北京与各省、市间交流的重要场所，也为众多文化流派的碰撞提供了历史舞台。《京城会馆》卷本着让历史说话、让文物说话的初衷，把会馆里革命先驱、政坛领袖、仁人志士、文化巨匠的故事整理出来，把隐藏在古都深处的历史挖掘出来，把这些历史人物的人生轨迹和时代的风云变幻讲述给读者。

留住北京味道，传承美食文化。《饮食名馔》卷甄选了具有代表性的六十多种北京小吃和京城百年老店的人文趣事，在博杂中见传统，在粗犷中见讲究，将北京饮食"端"给您，爆肚儿、炸酱面、桃酥、糖耳朵、糖葫芦、干蹦儿、姜豆干、油炸鬼、枣豆腐、羊霜肠儿……北京味道是回忆，更是北京人的情怀、精神和乡愁。

书籍是文化世代传承的重要支撑，关于北京的史籍志书就像时光穿梭机，借此，人们可一览旧京风华。每一部史籍志书的背后，从撰写到刊行，再到流布传播，有许多旧事可言。《史籍志书》卷是老北京的史籍志书掌故的讲述者、内容的介绍者、新发现的引领者。

八臂的哪吒城，永远不旧的"北新桥"，沈万三和什刹海，"暴脾气"火神爷，大火烧鲜鱼口，安定门外的"满井"……北京的山川大地、皇宫王府、坛庙园林、胡同街巷、市肆商铺，无处不流淌着老北京的传说。听，这是《传说故事》卷讲给新北京的故事；听，这是北京讲给世界的故事。

从策划到执行，《老北京述闻》系列书的编写得到了中国国家图书馆、北京大学、清华大学、北京市文化和旅游局、北京出版集团等北京文化建设工作主要承担者的资源支持，各分卷作者多是北京文化建设各领域的专家。

本系列书对北京文化的深层次探索，或可为北京文化建设工作提供新的视野和历史支撑，能够在日后的北京文化发展历程中，真正帮助北京读者、外地读者甚或国际读者找到北京文化的认同感，共同擦亮北京文化这张"金名片"。

目录

前言	001
北京饮食的来源	001
宫廷风味	005
官府风味	008
民族风味	011
各地风味	013
传承有序的各类老字号与名菜名人故事	015
八大堂	017
八大楼	028
八大春	036
八大居	041
四大顺	050
当代名店	056
丰富多彩的小吃	079
早　餐	081
正　餐	097
茶　点	128
零　嘴	141
北京小吃拾遗	153

前言

回想当年多少文人墨客笔下描写的老北京小吃，多么让人垂涎和怀念。何为北京小吃？没有准确定义，只能说数辈勤劳智慧的北京人民创造和传承了悠久的北京小吃文化。北京有3000余年建城史、800余年建都史，千年皇皇帝都，聚集各方豪杰、文人墨客，口味儿相容并蓄是京城小吃之特有，博杂中现传统，粗犷中见讲究。可以说，北京小吃和长城、故宫、颐和园一样，都是城市不可或缺的重要标志和文化符号。

小吃是零食，是味道，更是北京人的情怀。北京小吃作为千年古都的"活化石"，曾伴随和影响了京城多少代人的成长，今天的它已不再是当年果腹之物，早已成为京城百姓的一种情怀、精神和骄傲。可以说，小吃已经渗透到政治、经济、文化、宗教、家庭、外交等各个方面。大到国宴，小到家人聚餐、时令节日、人生纪念、红白喜事等都少不了传统小吃的身影。

随着20世纪80年代第一批洋快餐侵入，许多外国餐饮品牌打着"洋健康、洋时尚"的旗帜，开始影响、改变中国人的饮食习惯，这给传统饮食带来冲击的同时，也带来了挑战和重生。假设若干年后北京的大街小巷都是听着巴洛克小曲、吃着汉堡、喝着咖啡的市井文化时，我们这座千年古都就彻底失去了他自己的味道，更失缺了他的灵魂。

"取其精华,去其糟粕、与时俱进、倚老卖新",不断梳理和发掘北京传统小吃,赋予其新的内涵,是当前传承本土小吃文化的重要任务。从20世纪90年代开始,我就积极参与挖掘抢救老北京传统小吃工作,先后搭建了"北京侯嘉菜馆""老北京小吃协会""九门小吃""万丰小吃"等发展平台,也亲历和见证了中华传统小吃产业从日渐衰败到浴火重生的过程。

"留住北京味道,传承美食文化"。据史料记载,旧时的北京小吃有300余种,遗憾的是今天消失的品种有一半以上,例如:干蹦儿、姜豆干、油炸鬼、枣豆腐、羊霜肠儿、塔糕儿、萝卜丝饼、马蹄烧饼、芸豆饼等百年小吃,很多品种已经消失了三四十年之久,而目前市面上能见到的也就几十种而已。本册以一个北京小吃业发展的亲历者视角,甄选具有代表性的60余个北京小吃品种和京城百年老店的人文趣事,向读者们展现丰富可口的京味美食文化,记录当下传统小吃行业的变迁,希望能够让更多的人了解、喜欢和热爱北京小吃文化。

特别感谢何大齐老师、曲祖名老师、陈连生老师、艾广富大师、赵雪莲老师、杨原博士、朱成祥大哥等民俗专家、京城"老炮儿"们为本书的精心指导和不吝赐教。

北京饮食的来源

20 世纪 60 年代西城饮食公司

北京的"京"字,是个象形字。它的意思首先是"高"而"大",数量多。

从甲骨文的字形来看,"京"字,就像一种高高的、上面尖尖的人工建筑。有层次、有高度、有变化,每一部分独立成篇,合并起来,平衡且和谐。

和这个"京"字一样,北京的"食",也是层次分明、变化多端、独立而又兼容、个性突出而不失协调。

一般情况下,从一个地区的地理位置和历史环境,可以倒推出这个地区的饮食特点,用一句话提炼概括。比如沿海多食海鲜、内蒙古多食牛羊肉、西北以面食为主。而北京的饮食,却很难总结出一句高度概括的话语。

从空间角度看,这块相当于 155 个巴黎的 1.6 万平方公里的土地,千百年来,一直处于开放的状态。在地域上,北接内蒙古高原和东北平原，南衔华北平原，农耕文明和游牧文明在这里碰撞、交汇，互相成就。

从时间维度看，北京，自智慧生命诞生，到文明兴起，历经几十万年，曾经有过几十个名字。上古叫幽陵，夏朝称冀州，周朝名蓟，春秋为燕京，秦置渔阳，唐改名范阳，辽建南京，金筑中都，元为大都，明太祖朱元璋起名北平，明成祖朱棣，将明朝的首都，自南京北迁至此，相对于"南京"，而称"北京"，也称京师。清代沿用北京，民国用名北平和北京。新中国成立后，定名北京至今。

每一次名称的变化，就代表着一次新人群的融入。每一次新人群的融入，就意味着，在这片土地上，出现了新的饮食风俗。北人南下，带来了草原的饮食习惯。南人北上，带来了江南的饮食文化。万国来华，带来了西方的饮食方式。

天南地北的食材、各个民族的讲究、世界各地的烹饪技法，汇聚在这里，渐渐生根发芽，各自找到了生存的方式，和谐地演变成为北京今天的饮食格局。

在这个过程当中，中国形成了著名的鲁菜、川菜、粤菜、苏菜、浙菜、湘菜、闽菜、徽菜八大菜系。而北京的饮食，却并没有形成世所公认的独立菜系。因为它太丰富、太有层次，与老子《道德经》中的"大方无隅、大音希声、大象无形"隐隐相合。

就像一部戏剧，假如这部剧里的演员演技好，那么你记住演员的名字就比记住戏剧名字容易；对于一座城市，假如那里的饮食好，那么你记住一种美食的名字，比记住一座城市的历史更加容易。

对于北京这座城市，饮食的美好完美地融入城市的历史中。

按照饮食的来源，北京的饮食，大体可以分作四类：宫廷风味、官府风味、民族风味、各地（包括国外）风味。

宫廷风味

简单讲,宫廷风味就是皇帝、皇后这些帝国地位最高者日常的饮食风味。

这种饮食风味讲究食品安全、配料固定、主次严格、调味纯粹、季节分明。

元代宫廷膳医忽思慧的《饮膳正要》里写得清楚明白,元世祖忽必烈的饮食,食材要考核着前朝名医写的《本草》一书里记载的食材使用,这样对身体好。《饮膳正要》不是宫廷菜谱,但是被称为中国古代营养学著作,从中也能看出,宫廷里的饮食,对食材的要求是非常严格的。

明万历年间,有一位叫刘若愚的太监,因为要给自己申冤,详细记述了自己在宫中数十年的见闻,写了一本《酌中志》,成为后人了解明代宫廷生活的重要文献。从这本书里,我们能够看到明朝皇帝的日常饮食记录。明代食材比元代丰富,也极为严谨,绝对是食当季,用最鲜,搭配固定。清初文人宋起凤写了一本书叫《稗说》,提到了许多明代的风俗,比如,崇祯皇帝用膳时,"民间时令小菜、小食亦毕集"。这些小菜包括:苦菜根、苦菜叶、蒲公英、芦根、龙须菜、鲍瓠、齑芹、野薤、苜蓿、榆钱等等,据说是明太祖想让子孙莫忘民间疾苦,将百姓常吃的食材放入宫廷御膳中。这个记录,使得我们知道明代的御膳具有"高档食材和普通食材兼具"

的特点。这也许就为后来宫廷的菜式传入民间奠定了基础。毕竟，如果食材太过难得，也无法在民间流传。

到了清代，宫廷饮食在一定程度上，成为宫廷礼制的组成部分，还融入了大量满洲风俗。比如，按照满族的传统习惯，皇帝每天吃两顿正餐，一次在早上七点前后，一次在下午两点前后。正餐后，各加一顿小吃。[1]

也许，这就促成了北京宫廷小吃的繁荣。而且，即便是宫廷里的主人，不同的等级，能够吃到的东西也不一样。

比如，皇帝每天的份例：盘肉二十二斤，汤肉五斤，猪油一斤，羊两只，鸡五只（其中当年鸡三只），鸭三只，白菜、菠菜、香菜、芹菜、韭菜等共十九斤，大萝卜、水萝卜、胡萝卜共六十个，苞瓜、冬瓜各一个，苤蓝、干薹菜各六斤，葱六斤，玉泉酒四两，酱和清酱各三斤，醋二斤。早、晚随膳饽饽八盘，每盘三十个。皇后：盘肉十六斤，菜肉十斤，鸡鸭各一只……皇贵妃：盘肉八斤，菜肉四斤，每月鸡鸭各十五只。贵妃：盘肉六斤，菜肉三斤八两，每月鸡鸭各七只。妃：盘肉六斤，菜肉三斤，每月鸡鸭各五只。[2]

看到了吧，这妃子要是想吃羊肉，那可是没有的。规矩够严格吧。

宫廷饮食的规矩严格到不能随意食用规定之外的其他食材，即使是符合条件的食材，也不能任意搭配。比如，八宝菜。在民间，只要够八个品种的食材就可以叫八宝菜。但是宫廷里的八宝菜，必须是规定好的八个品种，不能随意替换。而且，所有的菜肴，得保持主料的本来味道，主次有别。使用的调味品也比较纯粹单一，比如说，做鸡汤的话，除了鸡之外，是不

---

[1] 林永匡、王熹：《清代饮食文化研究——美食·美味·美器》，黑龙江教育出版社1990年版，第216—217页。
[2] 同[1]，第218页。

能添加别的食材的。而民间炖鸡汤，喜欢放什么就放什么，自己高兴就得。

这些宫廷里的饮食规矩和习惯，尤其是清代的宫廷饮食习惯，成为如今北京饮食特点的一个重要来源。

明清两代宫廷中设掌管祭享、筵席及膳食的光禄寺，内设官员多人，并编写出《光禄寺则例》，使宫廷饮食得以不断发展，并保持严格的规范。

进入民国后，宫廷膳食档案开放，一些宫廷御厨从封闭的皇宫散落至民间。这给北京饮食注入了超级活力，神秘的皇家饮食甚至成了商业卖点。

就这样，宫廷烹饪技法丰富了北京社会饮食的膳食品种，让北京饮食具有了独一无二的特点。

官府风味

官府风味，就是官府私宅里的菜品。不光是在北京，各地有官府人家的地方，都有自己的官府菜。

北京这几百年来，作为一国之都，来来往往，住过许多外地的官员。外地官员来京赴任，有自己的府宅，自然都带着自己家的厨师。从北京历史地图上可以看出，朝代更迭，这些权贵人物，不仅在历史上留下了名字，还在这座城里，留下了宅子，更是在北京饮食中，留下了味道。

谭家菜、孔府菜、东坡菜等这些成体系的菜品，显示着当年这些官家的生活状态和饮食礼仪。

外地的不论，单说北京。

外地官员到北京赴任，虽然说天子脚下，自带几分荣耀，但是规矩也多，每天日理万机的，有条件的话，吃喝肯定得顺口。

于是，顺理成章地，南方的官员进京，带来了南方的厨师；山东的官员进京，带来了山东的风味。其他地方的官员进京，自然也带着自己家乡的厨师。只不过，物产丰富、技术实力、个中讲究，其他地方的厨师可能都比不过江南和山东。

清代文学家袁枚，也是一位有心的美食家。他写的《随园食单》一书，应该算是现在能看到的、成体系的"美食点评集"。里面记录了他吃过的三百二十六道菜，除了回忆每道菜的食材、基本的做法之外,还专门写了谁家的最好吃。

袁枚是清代乾隆年间人士,在北京做过翰林院庶吉士,是乾隆身边的近臣。在江宁,也就是今天的南京地区,做过知县。这位袁先生,去过不少地方的饭馆,也去过许多官员家做客。看来平时人缘不错。

比如,他写道:"海参三法,……尝见钱观察家,夏日用芥末、鸡汁拌冷海参丝,甚佳。或切小碎丁,用笋丁、香蕈丁入鸡汤煨做羹。蒋侍郎家用豆腐皮、鸡腿、蘑菇煨海参,亦佳。"[1] 很明显,袁枚在钱观察家吃过饭,也去蒋侍郎家吃过饭,这两家的厨师做海参非常有一套,各有千秋,袁枚吃美了。

这就是典型的官府菜。只不过,钱观察家和蒋侍郎家的海参做法,不知道有没有流传下来。但是,从这一道菜里,可以看出,官府菜的特点是非常讲究。

官府菜的讲究还体现在名字上。翻开《随园食单》,"碧涧羹"[2]、"珍珠团"[3]、"傍林鲜"[4]等,这些名字又美又雅,从字面上看,根本不知道吃的是什么。翻译过来,碧涧羹就是一种芹菜炮制过做的羹。珍珠团是煮熟的鸡脯丁,再裹酱和酒,沾白面炒的一种鸡肉菜。傍林鲜就更简单了,用竹叶煨熟的鲜笋。

由此看来,官府菜,虽然比不上宫廷里的标准,不过,从选料精、配菜广、技巧繁、菜名雅上,都不是一般人家能操作的,自然也不是普通老百姓能吃到的。

---

1 (清)袁枚:《随园食单》,云南人民出版社2004年版,第31页。
2 同[1],第159页。
3 同[1],第67页。
4 同[1],第170页。

所以，官府菜的发展、流传，主要靠的是高官权贵、文人墨客。

皇族、权贵、名流、文人是社会的流行风向标。这些官府家厨的菜肴和手艺，在他们生活的年代，流传到了民间，逐渐形成了官府菜的体系和口碑，如今，成为北京饮食的一部分。

民族风味

1956 年双立成清真馆公私合营合影留念

北京城，从地域上，处于游牧民族和汉族交界的地方，汉、满、蒙古、回各民族交融共居，渐渐形成了独特的饮食风味和饮食习惯。虽然各种文化相互交织，但是，又鲜明地保留了许多自己的民族风味。

回族在北京居民组成中，占有重要的位置。从元代，许多回族人就定居在北京。因为宗教信仰，清真饮食从食材上，就和其他民族有鲜明的区别，烹饪技法也大不同。经过明清两代回族厨师的继承与创新，清真饮食到了清末民初时期，已经成了北京饮食中重要的组成部分。

早期的北京清真饮食精于爆、烤、涮，缺乏特别有代表性的大菜。后来，博采众家之长，引入了鲁菜、淮扬菜，甚至西餐的扒、焖、炖等技法，逐渐形成了食材原汁原味、口感质地脆嫩、口味醇厚、汁浓不腻等特点，烹饪的方法也极大地丰富起来，炸、熘、爆、炒、炖、煨、焖、烧、扒，更有了许多清真名菜，比如焦熘肉片、炸卷果、黄焖牛肉、它似蜜、炒饹馇、扒羊肉条、烧四宝、鸡皮烧鱼肚、油爆肚领、羊肉笋丝等。

今天，从北京地图上，可以看出北京城有几个回民聚居区域，比如牛街、马甸、花市和常营。所以，这些地区的清真餐饮业非常发达。北京城里一些著名的饮食，稍微留意一下，就会发现，有名的店铺很多是回民开的。各种以轩、顺、斋做招牌的店，大多是清真馆子。

豆汁儿、爆肚儿、年糕、铜锅涮肉、酱牛肉、门钉肉饼、糖火烧、羊杂汤、各种清真点心等，生活在北京的人，要说找一个从没进过清真饭馆、没吃过清真美食的人，实在有难度。

清真饮食连根结脉，在漫长的岁月里，早就融合在这片土地上了，滋养着这一方水土上生活的人们。

在北京，满族的饮食，更是发达。自打清军入关，满族人就把自己的食材、饮食习惯，带进了北京城。

饮食的承载，说到底是"人"，大量的满族人进京，满族人的饮食自然就在北京饮食中占有了重要的位置。

比如各种饽饽、糕点、奶制品，极大地丰富了北京正餐以外的饮食种类。萨其马、奶酪、奶油棋子、芸豆卷、豌豆黄、各种小炸食，现在也依旧深受大众的喜爱。

一些满族饮食的习惯、食材和烹饪方法也作为北京饮食的组成部分，流传下来。比如砂锅白肉，这就是典型的满族祭祀的传统饮食。此外，八大碗、烤鹿肉、包菜、酸菜白肉、蘸酱菜等等，即使不去东北，在北京的饭馆里，也能吃到。

北京作为首都，各地的驻京办也带来了当地的饮食风味，彝族、苗族、藏族、维吾尔族这些独特的民族风味，也成为当代北京饮食的组成部分。

各地风味

作为首都，北京就像一个饮食博物馆。天南地北的食材，世界各地的吃法，在北京，人们几乎都能体验到。

国内各省都有驻京办，他们的餐厅，就是当地风味的展示场所。山东菜、广东菜、福建菜、贵州菜、四川菜、江苏菜、上海菜、陕西菜、山西菜……有多少驻京办，就有多少地方风味。

世界各国的美食，也早早就登陆北京，清末有六国饭店、北京饭店等，甚至在前门一带，还形成了西餐风味区。《竹枝词》里，记录了晚清上层阶级竞相去六国饭店的景况："海外珍奇费客猜，两洋风味一家开。外朋座上无多少，红顶花翎日日来。"[1] 新中国成立后，各国大使馆周围渐渐出现了许多地道的外国餐厅，这些世界各国的饮食风味，在北京也发展得相当繁荣。意大利菜、法国菜、日料、韩餐、俄罗斯菜、巴西菜、印度菜、泰国菜、越南菜……一路吃下来，可以媲美全球美食之旅。尤其是1990年亚运会和2008年奥运会后，北京人的饮食态度变得更加包容。

山陕地区的面食、西方的比萨和意大利面；江南地区的羹、欧洲的汤；沿海地区的海鲜、日韩的料理；中式的茶馆、西式的咖啡店；传统的点心、西方的烘焙，这些独立存在，又互相补充，各家各户，各有擅长之处，让北京饮食极大地繁荣起来。

---

[1]（清）杨米人等：《清代北京竹枝词·京华慷慨竹枝词》，北京古籍出版社1982年版，第148页。

传承有序的各类老字号与名菜名人故事

八大堂

堂，是一种建筑形式，一般指的是高大的房子。比如，殿堂、教堂。

在北京，从清代后期起，出现了一些有名的饭馆，它们以堂为名，内设戏台，唱大戏，做大型宴会，宴会的规模大到可以容纳五六百人一起就餐。

到堂里吃饭的，都不是一般的贵族。来堂里摆宴席的，也不会是轻易的小事儿。所以，北京的"堂"级饭馆，见证了清末民初，各位王公大臣、社会名流、富商大贾的喜庆大事。

这种级别的饭馆，就是当时北京，最高级的、面向社会的饮食场所。

那个时代最著名的京剧演员，基本都唱过"堂会"。杨小楼、余叔岩、梅兰芳、尚小云、侯喜瑞，可谓名角荟萃。

在"堂"里请客，是典型的上流社会的生活方式。

中国人对"八"这个数字情有独钟。把好的事物，总结到八上，应该是国人朴素的哲学思想吧。毕竟，自古开始天子用"八乘"，哲学有"八卦"，地理空间有"八方"。所以，北京最著名的顶级饮食场所，有"八大堂"。

北京的八大堂，有几种不同的说法，最常见的有惠丰堂、会贤堂、福寿堂、天福堂、福庆堂、同和堂、庆和堂、聚贤堂。

这八大堂基本都分布在王公大臣的府邸、富商大宅门的聚集区，各有讲究，各具特色，甚至服务对象，也精准地做了划分。

比如庆和堂专做内务府司官的买卖，福寿堂是大商人聚会的地方，会贤堂则颇受皇族官员青睐，家里有喜庆事儿，大多在那里摆席庆祝。

八大堂现存不多，知道的老人也逐渐凋零，离辉煌的日子渐行渐远，其中福庆堂的资料几乎为零，本书不再介绍。了解过去，是为了更好的明天，恢复八大堂的工作，任重而道远。

惠丰堂

惠丰堂是清末民初，北京传统饭庄八大堂之一，主做鲁菜，以"烩"菜著名。1858年开业至今，中间历经变迁，饱受坎坷，是八大堂中唯一现今依然在营业的老饭主。

在惠丰堂开业早期，营业地址在前门外观音寺街，主要承接婚丧嫁娶的酒席，不卖散座。能来这里消费的，非富即贵。

能挂"堂"字招牌的饭馆，那是大买卖，肯定有戏台，能唱大戏。惠丰堂自是如此。惠丰堂有东西两院，东院开席，西院唱戏。清末九门提督江朝宗常在此赴宴观戏。后来段祺瑞、张勋等政要名流也是堂上常客。

据说，这惠丰堂的繁荣，跟慈禧太后还有点关系。清朝末年，惠丰堂因为经营不善，眼见着就准备关张了。这时候，老板张祖荫的朋友李季良入股经营，在原来堂会的基础上加开宴席餐饮，主营胶东鲁菜，以传统鲁菜技法结合胶东特产海鲜，在京城饮食界开创了新的流行风尚。

"烧烩爪尖""扒三丝鱼翅""糟熘三白""烩乌鱼蛋""九转大肠"等都是惠丰堂的当家名菜。烧烩的意思是先烧后烩，有汤有菜。比如"烧烩爪尖"，得先把猪蹄腌制几个小时入味，之后去骨改刀切成麻将牌大小，再用热油将猪蹄炸成酱黄色，最后用整鸡熬制的高汤炖猪蹄，直到软烂，上桌前，用调配秘制作料勾芡收汁。这道菜颜色枣红，口味咸鲜醇香，其他厨师难以模仿。

靠着独特的菜品，惠丰堂的买卖日渐好转。后来有一天，民间流传，惠丰堂饭馆把自己的菜，送进了紫禁城里，摆上了慈禧太后的餐桌，老太后吃得还挺高兴。这可不得了，这不就是等于给皇上的妈妈送了外卖，还得了好评嘛！

皇族人士的吃喝穿戴，就是那个时代的风向标。一下子，惠丰堂在北京饮食界，声名鹊起，红火了起来。慈禧太后还给惠丰堂赐了一块匾额"惠丰堂饭庄"。这时候，大家就知道了，这位李季良也是有来历的大人物，是慈禧太后身边红人李连英的干儿子。

能求得慈禧太后给代言，这个惠丰堂可真是不简单。

惠丰堂如今已经从旧址前门外观音桥搬到了翠微路。慈禧太后亲赐的老匾据说还在店内收藏，一般不轻易拿出来展示。虽然老匾看不见，但是这道"烧烩爪尖"的老菜却是随时可以吃到。

会贤堂

会贤堂在成为北京八大堂之一前，是清末光绪年间一位礼部侍郎的私宅。相当于现在部长级领导的家。有人提出过疑问，这个级别的官员，怎么能住在这里，或者说这么大的宅子里。于是，再往前考证，这里曾经是富察氏后人的私宅。他是袭"二等敦惠伯"的。

继续考证，还有人说，这个宅子其实分东西两个院。西院是礼部侍郎家，东院是另一位官员的家。总之，后来不知怎么，这里就都腾出来了，不再是官宦之家，成了一家有名的饭馆。

1889年，这座位于什刹海西北侧，处于众多王府大宅之畔的大宅子，重新装修，挂上了"会贤堂饭庄"的招牌。大门的门簪上书"群贤毕至"四字。

会贤堂的主人，是山东济南人，立志要做一家顶级的饭馆，聚天下贤能，烹人间美味。会贤堂鼎盛时期，占地面积近3000平方米，建筑面积约1800平方米。西跨院设有戏台，共有戏台、瓦房、平房100余间，可供数百人会餐、观戏。每个房间都挂着不同时代的书法家和画家的作品。二楼开出平台，设有栏杆，可凭栏远眺什刹海。

在当时，会贤堂应该算硬件、地理环境最好的饭庄了。当权贵族人家的婚宴、寿宴、满月宴这样的人生大喜事，都在会贤堂举办。

由于会贤堂就在什刹海湖畔，所以，他们家后厨得天独厚、近水楼台，可以使用什刹海里的新鲜水产。

可以说，相当长一段时间里，会贤堂附近的荷花、菱角，就是他们自己养殖的。

夏天，老北京有种消暑美食叫作"冰碗儿"，得用现采的藕、新鲜的莲子、刚摘得的菱角、新鸡头米，洗好了、切得了，拌在一起，用碎冰镇上。吃的时候，撒上白糖，搁点去皮儿的鲜核桃仁、鲜杏仁、鲜榛子，点上几粒槟榔，冰凉爽口。别的地方也有卖的，但是都不如会贤堂的新鲜和丰富。

冰碗儿是会贤堂的一个招牌。

民国时期，世界红十字会中华总会会长熊希龄先生曾经在会贤堂组织了一场"慈善消夏会"，邀请曹汝霖、梁士诒等财政界的名流代表来品尝冰碗儿，为香山慈幼院筹得了一笔巨款。当时有人给会贤堂的冰碗儿起名叫"聚宝盆"。

现在，冰碗儿早就吃不着了，会贤堂在抗战胜利前夕停业。抗战胜利后，会贤堂先后成了辅仁大学、中国音乐学院的宿舍区。现在是北京市文物局的保护单位。

当年的会贤堂，留在了历史的尘埃里。

福寿堂

福寿堂的名字应该是福寿绵长的意思，可惜，这家1902年开业的大型鲁菜饭庄，1938年就关张了。

福寿堂要按照规模面积算，那可是八大堂中，数一数二的。足足有四五进深，是个大型的四合院。福寿堂的位置，在今天的地图上看，就是北京东城区西打磨厂街179号。因为是堂字号的饭庄，那必须是有戏台的大型场所。据说当年能容纳几百人看戏。

来福寿堂消费的客人，大多是大商人。比如同仁堂的乐家，瑞蚨祥的孟家，五老胡同盐商查家以及马聚源帽店等大买卖家儿。这些人，家里本身就是深宅大院，但是请客办事，还是首选京城八大堂。一般就是在福寿堂。也许是离自己家比较近的缘故吧。

福寿堂才营业了36年，虽然日子不长，但是注定要被后人铭记。因为，中国第一次具有现代慈善意义的义演，曾在这里举行。

1905年，满族贵族瓜尔佳惠兴女士在杭州筹建女校"贞文女子学堂"，因为种种原因资金缺口压力太大，惠兴女士自杀明志。惠兴女士的事迹传到京城，感动了许多人。为了帮助惠兴女士完成遗志，京剧、河北梆子表演艺术家响九霄田际云编排了新戏《惠兴女士传》，从1906年开始，多次在京津地区演出。1908年，在福寿堂演出，筹得善款资助杭州的女学事业。

贞文女子学堂在惠兴女士去世后，被杭州当地官府收为官立学校，就是今天的杭州惠兴中学。

还有一件跟今天有关系的事情，起点在福寿堂。那就是电影院。

1902年1月，北京城第一次放映电影，在福寿堂举办。西班牙人雷玛斯带着所有的电影设备，在这里放映了三场电影。安东尼奥·雷玛斯,是个商人,他不仅让北京人见识了什么是电影,还在上海创办了中国第一家电影院——虹口活动影戏院。那是1908年。

这就是福寿堂,清末民初,北京著名的八大堂之一。现在已经消失在北京的地图上了。

天福堂

天福堂是北京八大堂中,资料最少的一个。开始时间、具体地址,都没有明确记载。根据《前门三里河流域胡同志》上的记录,天福堂应该是在前门肉市街上。

前门肉市街,从清末到20世纪60年代,一直被称为肉市,肉铺林立。在这里开饭馆,至少能占个食材新鲜吧。这条街上还有北京最老的戏院"查楼",建于明代,乾隆年间焚毁,后来重建,更名为"广和戏园"。还叫过一阵子广和楼。新中国成立后,改建为"广和剧场"。

由于肉市街并不算太长,本身大约250米,所以天福堂应该也离广和戏园不远。按说天福堂自己就有戏台,一条街上有俩剧场,难免有点费解。

广和楼在清朝末年的时候,由白薯王王静斋与人合伙经营。根据王静斋先生的后人王敷回忆,天福堂在广和楼的北面,当时叫"天福堂大饭庄"。是一家山东菜馆,最拿手的是"鸭翅席""燕菜席""一品烧饼""攒馅包子"。

那会儿广和楼十分火爆,可谓"一票难求"。因为周围都是买卖人家,天气不好的时候,饭馆里生意淡,老板们都去听戏。一来二去,饭馆的人跟广和楼十分熟悉,大部分的戏楼包厢,都让饭馆订去了。观众们订不到包厢，后来就发现了一个"捷径"——去天福堂、全聚德、正阳楼这些大饭馆订包厢。有点像今天的"联票"，订了饭馆的包厢，就可以预订上广和楼的包厢。看完戏，正好去吃饭。

关于天福堂开业的时间，实在是没有看到记载。民间有个传说，慈禧太后身边的大太监安德海举办了一场公开婚礼，娶了当时徽班唱旦角的演员，19岁的马赛花。慈禧太后为表示祝贺，赏赐安德海一千两白银，一百匹绸缎。据说，婚宴就设在刚开业不久的天福堂。

那是同治七年（1868）的冬天。第二年，安德海就被丁宝桢在山东济南正法了。

同和堂

同和堂开业时间不详，但是在抗日战争开始的时候，就歇业了。

作为八大堂之一，同和堂比较特殊，它没有戏台，既能承接宴席，也接受客人零点小酌。虽然和其他的"堂"字号饭馆不一样，但是因为有几个独家的菜肴，所以，也备受当时政客名流的喜爱，名声甚旺，得以位列八大堂。

同和堂的地址在报子街。现如今，别说同和堂没了，连报子街也得去翻民国时期的老地图，才能找到。报子街的大概位置，在今天复兴门内大街南侧，从西单十字路口往西到闹市口附近，是一条东西走向的长街。那里是北京城的商业区，非常繁华。

同和堂，很是有名。因为有当时全北平最好的"菊花锅子"。还有一道名菜"天梯鸭掌"。

菊花锅子，也叫菊花锅，是一种火锅。镂空的小炉子上放着有弧度的底的锅。锅里放着纯种的白菊花。清末民初，这种菊花锅很是流行过一阵，但是唯独同和堂的与众不同，格外的鲜而不腻。因为汤底用的不是大众流行的鸡鸭汤，而是上好的排骨吊的高汤，又经过了层层扫汤，锅里明明是高汤，但是看上去却像一锅清水，清爽宜人。锅子的料，一定用的是处理得极精细的鳜鱼片、小活虾、猪肚儿、腰片、什件儿（禽类的内脏，比如肝脏、心脏等），去疵抽筋，一烫即熟。菊花选得精致，清洗得干净。粉丝、馓子都用头锅油炸，一点儿烟燎子味都没有。"一个菊花锅子卖到一块二毛钱，连本钱都不够"[1]。当然，也很少有人来同和堂，只点一个菊花锅，不点其他菜的。

同和堂的菊花锅子总是点好酒精才给客人端上桌。

锅里的高汤一开，茶房就掀开锅盖，迅速把几盘锅子料一起下锅。等锅里高汤再一滚的时候，放菊花瓣。盖上锅盖，稍微一焖，就连汤带菜，盛在小碗里，给客人吃。

稍微把握不好，锅里的食材就会烫老了，鲜嫩尽失，着实可惜。

饭庄的茶房来帮着分菜的情况，也只有在同和堂点菊花锅的时候，才会出现。

当时的北洋政府交通总长叶恭绰先生，秋冬时节在家里研究金石，总喜欢点同和堂的菊花锅助兴。

叶恭绰先生担任交通部总长的时间是 1920 年 8 月，因此可以知道，同和堂是 1920 年以前开业的。

同和堂还有一道名菜，就是"天梯鸭掌"。这道菜轻易吃不着。一年到头，肯定能吃到的时候，是每年同和堂封灶，宴请大金主的年会上。

这就像是一个约定。只要封灶的时候来赴宴了，新的一年就还会照顾这家饭馆的生意，绝不会移情别恋，去别的饭馆。

这么重要的时刻，那肯定得拿出压箱底儿的秘诀——天梯鸭掌。

这道菜要和烤鸭店合作。因为过去的烤鸭店，不给客人

[1] 唐鲁孙：《唐鲁孙谈吃》，广西师范大学出版社 2007 年版。

上鸭掌。鸭掌在烤鸭店没有大用，但是在同和堂，可是大有用处。

厨师用清水泡鸭掌，一般泡一天，顺纹路撕去掌上的薄膜，然后用黄酒把鸭掌泡起来。等鸭掌泡涨了，看上去肥肥的，拿出来，把骨头和筋都抽掉，然后选肥瘦各半的火腿，切成二分厚的片，一片火腿夹一只鸭掌，再把切成片的鲜笋抹上蜂蜜，用海带丝把鸭掌火腿鲜笋片捆在一起，用文火慢慢蒸透。火腿的香气混合这蜂蜜的甜，丰腴滋润的鸭掌，吃一口，想一年。

这道菜据说无人不爱，堪称人间美味。

珍妃的堂侄孙唐鲁孙先生回忆说，洪宪年左内史阮斗瞻非常喜爱同和堂的天梯鸭掌，吃过以后，念念不忘。

洪宪年是 1915 年 12 月 25 日到 1916 年 3 月 22 日，由此得知，同和堂 1915 年以前就名满京城了。

同和堂、菊花锅、天梯鸭掌，都只能在历史资料中捕捉些许残影。

2019 年的春节，故宫外的餐厅尝试恢复菊花锅。然而天梯鸭掌，与同和堂，依旧渐行渐远。

庆和堂

庆和堂在地安门外，是当时北京城北边，最有名的饭庄。拿手菜是"桂花皮炸"。

庆和堂早就没了，所以这道菜长什么样，也没有照片。根据唐鲁孙先生的回忆，这道菜跟桂花没关系，就是"炸肉皮"。

炸猪皮不新鲜，不过，庆和堂的炸猪皮，特别新鲜，没吃过的人，压根儿就不知道是什么东西做的。

选猪脊背上三寸宽的一条肉皮，毛拔得干干净净。用花生油炸到起泡，捞出沥干油，再晒透了，然后放在瓷坛里密封保存。瓷坛子下面还得衬着石灰，以防坛子里的炸猪皮受潮。

第二年，才能吃。

吃的时候，用温水把皮炸洗干净，用高汤或鸡汤泡软，切细丝加作料，下锅爆炒。最后打碎鸡蛋，浇在上面，撒上火腿肉末，出锅。

吃过桂花皮炸的人，大多不在人世了。他们的书里写着："肉头、松软，香不腻口。"

庆和堂主要的服务对象是内务府的人。内务府负责皇宫内厅的一切采购，所以有钱。司官的聚会，一般都选择庆和堂，不知道是不是也爱这道"桂花皮炸"。

聚贤堂

聚贤堂是清末民初北京八大堂中的一员，挨着同和堂，同在一条街：西单牌楼附近的报子街。

聚贤堂三面有楼，搭有戏台，是标准的北京"堂"字号的大饭庄。经营鲁菜，非常气派。

招牌菜是"炸响铃双汁儿"。

在清末民初的时候，北京除了烤鸭有名，还有一道菜叫作"烧猪"，也就是"烤乳猪"，或者叫作"烧小猪"。

那个时候，大户人家逢年过节，办喜事，都少不了这道场面菜。除非自己家里有厨房，有厨师，否则一般实力不够的大户人家需要吃这道菜，得去炉铺"叫"，上午订好，下午能送到家里。后来，赶上战乱，又有屠宰税，这道"烧小猪"就基本吃不着了，因为点这道菜，还得单上税，手续太麻烦。

聚贤堂的"炸响铃双汁儿"，得用烤好的烧小猪的脆皮，回锅再经过油炸，然后出锅，厨师完成最后一步：事先调好的甜咸勾汁双浇。当年，只要在聚贤堂摆过酒席的，肯定点过这道菜。

可惜，烧小猪都没人做了，这道名菜现在也只剩下个菜名了。

聚贤堂的电话是一四一六西一二九二,1931年,老舍先生拨打过这个电话。那一年,老舍先生和夫人胡絜青选择在聚贤堂举办了婚礼。

后来,聚贤堂没了。

八大楼

比起自带戏楼的"八大堂",八大楼的规模,自然是要小一些。

虽然规模小,但论档次,可不低。这八家饭庄,都经营鲁菜,选料精细,烹饪出色,从当时京城众多饭馆中脱颖而出,成为清末民初大家追捧的对象。甚至,还编成了排名谱。

八大楼依次为东兴楼、泰丰楼、致美楼、鸿兴楼、正阳楼、庆云楼、新丰楼和春华楼。

当年八大楼盛极一时,除东兴楼在东安门、安福楼在王府井、萃华楼在灯市口八面槽外,其余都位于繁华的前门大栅栏一带。

现在,除了东兴楼、泰丰楼和致美楼还开门营业之外,另外五个楼都消失了。

东兴楼

东兴楼是北京八大楼之首,1902年在东安门大街路北开业,主营山东胶东菜系。名菜有芙蓉鸡片、爆双脆、烩乌鱼蛋、酱爆鸡丁、葱烧海参、炸鸭胗等。

虽然在北京城同时还有八大堂,但是东兴楼的人气,还是相当旺的。毕竟八大堂基本不招呼散客,谁家也不能天天摆大席,唱大戏。

鲁迅先生在 1932 年 2 月 27 日的日记里记载:午后胡适之至部,晚同至东安市场一行,又往东兴楼应郁达夫招饮,酒半即归。

酒喝了一半,就回家了,这顿饭没吃好,可能是因为话不投机。因为后来鲁迅还去过东兴楼,且对东兴楼的酱爆鸡丁很是喜爱。

据说,东兴楼的一些顶级食材,鱼翅、海参、银耳、燕窝都来自御膳坊。反正饭馆的菜卖得上价儿,自然可着能力找最好的食材。

不光食材好,东兴楼的厨师,手艺也好。比如,爆双脆这道菜,就特别需要厨师眼疾手快,非常体现实力。得端起锅来,把锅里的东西抛向半空中打个滚再落进锅里,液体固体一起掂,连掂三五下就刚好熟了。

这样好的一家饭馆,由于后人不善经营,1944 年 12 月停业。新中国成立后,1982 年,东兴楼重张开业直到今天。

泰丰楼

前门地界儿,在清末民初的时候,是美食扎堆儿的地方。1876 年,又一家鲁菜馆子在前门外煤市街一号开张迎客,这就是著名的八大楼之一"泰丰楼"。

八大楼都经营鲁菜,但又各有侧重。泰丰楼的汤,最出名。

烩乌鱼蛋汤、芙蓉银耳汤、酸辣鸡丝汤、一品锅等,都是招牌。

清代学者崇彝在《道咸以来朝野杂记》中记载道:京师南城饭馆⋯⋯至最久而不衰者,惟泰丰楼(开于

梅葆玖先生（中）在泰丰楼就餐

光绪初年，所谓新饭馆）、致美斋（在咸、同间）二处。说明泰丰楼从开业起，就一直有很好的口碑。

泰丰楼的硬件设施很出色，有一百多间房，菜做得好，民国时期举足轻重的大人物，都是泰丰楼的食客。新中国成立之初，北京市第一任市长叶剑英先生，就是在泰丰楼宴请工商界人士，号召他们为新中国服务。

现在，泰丰楼易址新张，散发着新的生机。

致美楼

致美楼最初是做姑苏菜的，后来改为鲁菜。历史悠久，1842年开业，很快就名扬京城。据说，致美楼的大厨团队里，有一位紫禁城里的御厨，所以菜品精致雅美，在同时期的饭馆里，非常出挑。

民国初年，御厨传人王殿臣先生加入致美楼饭庄，更是让致美楼在乱世保持了高水准。厨师水平高，掌柜的会经营，致美楼达到鼎盛时期。

皇亲国戚、民国政要、艺苑名流等，一时间，致美楼成了京城必吃餐厅。

致美楼都是大菜：四吃活鱼、云片熊掌、三丝鱼翅、寿比南山等。和其他八大楼的鲁菜相比，从食材上看，致美楼更加大气。

与同时期的老字号一样，致美楼经历了歇业、异地重开的命运，现在依旧是京城里鲁菜的一个标杆。

启功先生还写诗说："致美早名扬，烹调擅四方，老饕非过奖，不信自来尝。"

另外，王殿臣老先生的儿子王希富先生，把家传的御膳饽饽手艺发扬光大，在新街口开了一家"富华斋"，里面有些致美楼当年的影子。

鸿兴楼

鸿兴楼的开业时间不详，大概在嘉庆、道光年间。这是八大楼里，唯一一个以饺子馆的身份登场的老字号。

这家饺子馆，初开业的地址在菜市口，一直到1949年前歇业，都是南城数一数二的大馆子。而且以饺子馅儿丰富、师傅手艺超群闻名京城。除了荤素的区别，鸿兴楼的饺子馅儿还有甜咸味儿的选择，更有罕见的鱼肉馅儿。包饺子的师傅更是名声在外，据说一两面可捏二十多个饺子。

最讲究的是，鸿兴楼的饺子不是用清水煮的，而是用高汤火锅煮的，别说一百年前了，就是搁现在，也是一个非常有特色的饺子馆。

鸿兴楼也有炒菜，都是山东菜系的大菜，鸡茸鱼翅、锅塌鲍鱼、葱烧海参、酒蒸鸭子、醋椒鱼等等，想当年，也是政界名流络绎不绝的地方。

20世纪90年代初在原址恢复了鸿兴楼的老字号。但是往日辉煌不再，没几年就被收购了。鸿兴楼从此，在北京的美食地图上，消失了。

正阳楼

正阳楼1843年开业，在前门外肉市街南口，主打小酥鱼、羊头肉、大螃蟹，是个有名的酒馆。后夹也经营炒菜和涮羊肉，一度与清真东来顺的涮羊肉齐名。民国时期，正阳楼还承接过国宴。名菜有小笼蒸蟹、酱汁鹌鹑、酱香鲜蟹等，是当时京城最著名的吃螃蟹的地方。

梁实秋先生说："在北平，吃螃蟹唯一的好地方，就是前门外肉市正阳楼。"

正阳楼的螃蟹，每年秋天，从天津的胜芳云来，早上乘坐火车从天津出发，中午到达北平东站，螃蟹卸下火车到达前门菜市场，第一时间先让正阳楼挑货尖儿，正阳楼的采买挑够了，才对外销售。

抗战爆发，各种物资短缺，正阳楼歇业。但是正阳楼的老师傅都没走。新中国成立后，公私合营，正阳楼成了大食堂。后来，又成了北京第一家快餐店。再后来，恢复了螃蟹宴和涮羊肉，这就到了20世纪90年代了。

现如今，正阳楼饭庄也算有了分店，支撑着176年的荣誉。

庆云楼

庆云楼是八大楼中，开张最早的一家鲁菜馆。开业的时候，鸦片战争还没开始呢，大清的GDP在世界各国中排第一位。那是1820年。

贵族们没有预测到即将到来的雷霆变化，过着银锭观山，在庆云楼把酒言欢的日子。

庆云楼的位置，是八大楼中最好的。就在银锭桥边上，

2008年恢复中华老字号庆云楼饭庄首桌留念

什刹海的风景尽收眼底。王侯将相，均是此地常客，想来菜也做得不错。

到了清朝末年，老板主动退出北京餐饮圈，原因不明。庆云楼的厨师个个都是金字招牌，纷纷加盟其他鲁菜名店，客观上，助力了北京鲁菜势力八大楼的形成。

新中国成立后，庆云楼成了住家，主人从事裱画工作，在京城很有名气。著名书法家启功先生得知此处是庆云楼旧址，还曾亲笔赠字。2008年，庆云楼的新主人担负起传承老字号的责任，恢复了庆云楼的经营，重张开业。秉承修旧如旧的原则，不仅在装修上保持了庆云楼的风韵，更是在菜品上让庆云楼这块鲁菜的金字招牌，重放光彩。三不沾、醋椒鱼、葱烧海参、糟熘鱼片、香酥鸡、九转大肠这些当年的名菜，逐渐回到银锭桥边。

新丰楼

新丰楼，是八大楼中的一家，光绪年间在虎坊桥香厂路口开业，1949年前停业。后来20世纪80年代恢复营业，却再也没有当年的风光了。

新丰楼当年有多么风光？

京剧表演艺术家程砚秋先生收徒、国画大师张大千先生结婚、漫画大师王君异结婚、鲁迅先生请客都选鲁菜馆子新丰楼。

每次大型活动，往往就是一场名人聚会，人数一二百人。

招牌菜油爆肚丝、饽饽烤鸭、杏仁元宵、锅塌鱼头、素面汤、干蒸点、白菜烧紫鲍……堪称京城一绝。

奇怪的是，新丰楼的台柱子，北京当时著名的堂头栾学堂后来带领整个厨师团队一起退出了当时爆红的新丰楼，去打造了另一个著名的鲁菜品牌——丰泽园。

新丰楼的里子面子都没了，渐渐就衰退了。

除了一些老人还记得当年的风云故事，现在的人，只知道新丰楼这个名字了。

春华楼

春华楼，民国初期在北平和平门外五道庙路东开业，是民国初期北平八大楼之一。八大楼其他的店都经营鲁菜，而只有春华楼主打的是江浙菜。代表菜有锅贴鸡、松鼠鳜鱼、大乌参嵌肉、银丝牛肉。

据说溥杰先生最喜欢春华楼的大乌参嵌肉，唐鲁孙先生爱吃他们家的银丝牛肉。如今这俩菜都看不见了，只能根据他们的文字回忆猜猜到底什么样子。

春华楼也不是什么都没剩下，有一样东西现在还看得着，那就是春华楼掌柜的名字：白永吉。

白永吉先生是春华楼的掌柜，也是一位著名的厨师，江湖人称"北平第一名厨"。白永吉先生对书画也颇有研究，是张大千先生的挚友。

由于白永吉先生菜做得好，欣赏书画的造诣也非常高，所以，春华楼常常成为当时文人墨客、书画名家、学者交流的场所。

胡适、李石曾、钱玄同、胡佩衡、吴镜汀等都是这里的常客。

1929年，张大千先生与戏剧名家余叔岩相识，一见如故，常常相约一起去春华楼吃饭。白永吉给配菜，每每宾客尽兴而归。当时有人戏称三人为"三绝"："唱不过余叔岩，画不过张大千，吃不过白永吉。"三个人还摆好姿势，请人拍照留念。余叔岩手拿胡琴做自拉自唱状，张大千在中间做挥笔绘画状，白永吉拿锅铲装作炒菜的样子。

张大千自从与白永吉成为好友，每年给白永吉画一幅中堂。这些画后来在大型拍卖场所或者展览上露过面。比如："荷塘月色（1934年）""少陵诗意（1935年）""华山云海（1936年）""渔蓝观音（1937年）"。小的条幅和扇面更是送了白永吉不少。

1936年12月，北方遭灾，张大千先生响应慈善家的号召，举办画展义卖"救济赤贫——张大千、于非闇合作画展"在北京展览了三天，何海霞、巢章甫等大家也参加了义卖活动，展品全部售罄。春华楼掌柜白永吉捐重金成就此事，后来张大千先生赠《巫峡清秋》为报[1]。这些画上，均题写了白永吉的名字。

作为一家饭馆，作为一名厨师，春华楼和白永吉，在当时的北京，风头无两。

新中国成立前夕，春华楼歇业。

2013年1月15日，春华楼在马连道9号院重新开张，遗憾的是未能延续当年盛况，不久作罢。

一 刘松岩：《张大千与春华楼白掌柜的书画情谊》《北京晚报》2009年9月17日。

八大春

八大春是北京民国时期开业的八家著名的外地菜馆。集中在西长安街一带。

它们各有特色，各领风骚。

其中，淮阳春为淮阳风味；春园、芳湖春、同春园为江苏风味。东亚春为广东风味。

这些饭馆迅速蹿红，但是都没能熬过历史的变迁。有些在当时名流文人的日记中，还有些记载，让我们能透过文字，看到当年这些饭馆的繁华。有些，目前尚未找到可信的文字，比如芳湖春和鹿鸣春，甚是遗憾。

八大春中，唯独同春园，现在依旧在营业。

清末民初，西单西侧的西长安街马路南北两侧有经营淮阳菜系的庆林春、芳湖春、东亚春、大陆春、新陆春、鹿鸣春、四如春、宜南春、万家春、玉壶春、同春园、淮扬春等，俗称西长安街的"八大春"或"十二春"。其中以淮阳春、同春园等最为著名。曾在国民政府教育部任职的鲁迅先生在1926年5月10日的日记中写道，"午后得语堂信，招饮于大陆春"，文中的"语堂"即林语堂先生。另外在《北京旅行指南》一书中，当年设在西单路口东侧的锡拉胡同里的玉华台饭庄也经营淮阳菜系，以砂锅鸡、砂锅豆腐、江米烧卖、新发明汤包著称。

庆林春

庆林春从开业到关张,跨度二十几年,是民国时期西长安街上的"众春"之一。

同时期北京城还有个庆林春,是个茶叶店,在前门。不知道二者有没有关系,反正在当时,都是名人常常光临的名店。

庆林春茶叶店,现在还在营业。庆林春饭庄,新中国成立前就倒闭了。只剩下一个名字,和一段故事。

1941年,庆林春里举行了一场"婚礼"。新郎是大艺术家齐白石先生,新娘是胡宝珠女士。

胡宝珠女士是齐白石先生的结发妻子亲自为他找的继室,一直在北京陪伴齐白石先生。1940年,齐白石先生的结发妻子在湘潭老家去世,1941年5月4日,齐白石先生在庆林春饭庄,设宴邀请胡佩衡、陈半丁、王雪涛等好友出席,举行了结婚仪式。

以后,庆林春饭庄就很少出现在记录中,反而庆林春茶庄薪火没断,直到今天。

大陆春

八大春中的大陆春,开业时间也是民国初年,地址在西长安街。

为什么那个时候西长安街上会有那么多饭馆呢?很有可能是因为当时的政府办公地点,大多在西长安街附近。国会更是在现在新华社附近。这些官员,有许多都是江浙籍的,在这里形成江浙菜的聚集地,完全是饭庄老板们的精准判断,垂直消费目标。

大陆春是当时红店中的红店。招牌菜红烧羊肚菌非常受食客喜爱。

当时在北洋政府教育部任职的鲁迅先生,多次在大陆春聚朋会友。他在1926年5月10日的日记中写道："晴。上午往北大讲。访小峰。访季野。得谭在宽信。午后得语堂信招饮于大陆春，晚赴之，同席为幼渔、季市。董秋芳来，赠与《故乡》一本。"[1]

清华大学教授朱自清先生与第二任妻子的初次见面，就是在大陆春。那是1931年。大陆春兴旺了一二十年光景，后来，就随着西长安街春字招牌衰退的大潮，消失了。

同春园

这是八大春中，现在唯一幸存的老字号，主营苏帮菜。

同春园比较有意思，它是原来经营四如春饭庄的几位合伙人，重起炉灶另开张的产物。四如春的买卖做得不满意，再开一个新的店，还是以"春"字命名，还是那几位合伙人。这几位合伙人希望大家能同心协力，这就有了"同春园"。

1930年，同春园开业，生意也不怎么样。社会动荡，好厨师难找，自己家的厨师也留不住。同春园所在的长安街，又名店林立，所以，很是艰难。

后来，老板和主厨想尽办法，高薪求贤，远赴镇江学习，终于在后厨建立了一支有名气、有技术的厨师队伍。这支队伍，擅长烹制河鱼湖蟹，手艺出众。烧、煎、烹、熘、炸、焖，既保证菜品鲜嫩清淡的口感，又保留食材的原汁原味。

尤其是鱼的做法，在京城算是数一数二。干烧青鱼、红烧中段、干烧头尾、砂锅头尾、糖醋瓦块鱼、水晶肴肉，靠着这些名菜，同春园终于在北京站住了脚，有了自己的江湖地位。和其他老字号一样，同春园的

[1]《鲁迅日记》人民文学出版社2006年版。

繁荣随着战乱而终结。和其他同时期老字号不一样的是，同春园没有消亡在历史的变迁中。新中国成立后，同春园几次迁址重新开业，日益兴旺，是受国家保护、支持的中华老字号。

东亚春

东亚春是西长安街众家经营江淮菜中的饭庄，少有的主打广东菜。

开业具体时间不详，倒闭时间也没有具体记录。只在一篇简单介绍北平市饭馆业概况的文章里，看到这样一句话："广东馆以五芳斋、东亚春为佳。"

看来，当时在北京，东亚春的粤菜，还是首屈一指的。

根据同时期其他饭庄的经营情况看，东亚春，也没有扛过1949年前夕的动荡，在北京饮食行业里，渐渐无影无踪。[1]

新陆春

八大春里新陆春资料缺乏，表述得最准确的是，20世纪80年代，在地安门外大街路口开业，经营鲁菜和天津风味包子。

按说八大春都是民国时期的饭馆，但是现在能看到的新陆春介绍，说其是"第一家引进天津狗不理包子的店铺"。

1980年1月，天津狗不理包子登陆北京，就在新陆春。现在新陆春也没有了。

四如春

四如春能被列入"八大春"有些奇怪。好像从开

[1]《文艺战线》，1937年第5卷第10期。

张起,生意就一直没做起来。甚至投资人都抱团儿出走,另起炉灶开创了同春园。

不过既然能开在名店林立的西长安街上,四如春的菜应该还是不错的。

从郁达夫先生和沈从文先生的一些回忆里,能捕捉到关于四如春的只字片语。

沈从文先生刚到北京的时候,生活比较拮据。1923年的冬天,著名作家郁达夫去探望他,发现沈从文先生处于饥寒交迫的困境,聊到中午,郁达夫先生做东,请沈从文先生吃了一顿饭。他们去的就是西单牌楼附近的"四如春饭庄"。

沈从文先生自己回忆说,当时已经三天没吃饭了,那顿饭吃特别香。这顿饭,郁达夫先生花了一块七毛钱,买单的时候,郁达夫先生用五块钱付款,把找零的三块多钱,都送给了沈从文。几十年后,沈从文回忆此事,写道:"到后写信给郁达夫,这好人,他来我住处,邀我到北京西单牌楼四如春吃饭,又送我三块钱,我拿这钱到手上时虽异常伤心,也不能哭。"[1]

这就是四如春,一个消失了的名饭馆留给我们的故事。

[1] 林永匡、王熹:《清代饮食文化研究——美食·美味·美器》,黑龙江教育出版社1990年版,第216—217页。

八大居

堂、楼、居，表示北京清末民初时期饭馆的规模。

堂最大，有戏台，可容纳五六百人同时就餐，一般不零点。服务权贵。

楼比堂小，可零点，可外卖，名厨云集，大菜精致。政界名流的据点。

居比楼小，办不了堂会，主要零点，面向大众。

北京的八大居，就是那个时代数家"居"字辈儿的饭馆中最有名的八家。一般认为是：福兴居、万兴居、同兴居、东兴居、万福居、广和居、同和居、砂锅居。

这八家饭馆，各有所长，丰富了当时北京饮食的种类。

其中，只有同和居、砂锅居这两家老字号虽然经历战乱、歇业，但是后来重新开张，现在依然在营业，是北京饮食中有生命力的名店。其他六家，已成历史，除福兴居有些资料之外，另外五家资料甚为稀少，目前没有可靠的描述记录，很是遗憾。

福兴居

关于福兴居，文字资料有限。

根据现在大栅栏存留的"福兴居"砖雕牌匾来看，福兴居当初应该在大栅栏。

七开间二层楼房，部分牌匾清晰可见，是民国时期书法家冯恕先生题写的。牌匾为砖雕，中间是饭馆的字号"福兴居"，两侧题写"饮且食"和"寿而康"。有明确落款人：冯恕。看规模，应该是一座经营炒菜的饭馆。

但是又有资料显示，福兴居是北京最早经营"灌肠"的店，地址在今天后门桥头路东。清光绪年间开业，是一姓任的人经营，就叫"北京官场铺"。这家的灌肠是用猪肥肠灌碎肉加淀粉，和今天的纯淀粉灌肠有所区别。

据说福兴居的灌肠曾经是紫禁城选用的贡品。1917年取名福兴居。后来市场逐渐出现淀粉加红曲做成肠形的"淀粉灌肠"，刀片成菱形块，大油煎熟蘸盐水蒜汁食用，形成今天的灌肠形式。

两种解释，差别过大。

万兴居——庆丰包子铺

1948年，北京城西单东南角里，多了一家小饭馆，卖炒菜米饭，名字叫作万兴居，人气挺旺。1956年，公私合营了以后，因为包子做得地道，干脆，就专卖包子。这就是庆丰包子铺的前身。到了1976年，万兴居改名叫庆丰包子，增加了炒肝儿、小凉菜的经营项目。到了2019年，庆丰包子的传人已经是第三代了。

庆丰包子有名，许多人都认为是因为许多大人物来吃过。其实庆丰包子本来就很有名，而且非常赚钱。截至2016年，在全国有314家庆丰包子铺，2015年，销售额达到10亿元人民币。大厨说："这都是我们用一个一个包子给堆出来的。"

庆丰的后厨，有一句顺口溜：石榴嘴，荸荠肚，内提褶。这是庆丰包子的一套严格的技术标准。六十多年来，除了这个包子的标准坚持不变，其他的一直在变。

过去，不用好肉做馅儿，然而现在变了，用前臀尖的肉做馅儿，就得切大颗粒，用杆子在缸里打馅儿，才能既给肉馅儿打上劲儿，又不会把肥肉打成乳化状态。在打馅儿之前，增加了一项工作：摸骨，检查肉里有没有骨头渣子。

过去，用煤火，在露天大院里添煤，屋子里大敞窑开的，现在窗户封得严，温度不一样，醒面的环境变了。

过去，用老肥。老肥有杂菌，需要揣碱来中和杂菌带来的酸气，就会有酒香气，所以大家觉得用老肥香。现在用酵母了。

过去，就一种面，现在低筋面、中筋面、高筋面，种类多了。

面对这些变化，庆丰的师傅们，一点点总结着经验。

现在，工作环境温度稳定，和好的面，醒 15 分钟之后，得立刻揪剂儿、擀皮、包包子。这个过程必须在 20 到 25 分钟里完成，否则面团儿在这样的温度下，就会懈劲儿。包好的包子还需要再醒 6 分钟，才能上锅蒸。

现在，用酵母发面了。全部标准化以后，发面的技术容易控制了。夏天，一斤面加 6 克酵母，冬天加 8 克酵母。再也不会出现碱大了蒸出来的包子发黄、发涩的问题了。

现在，面粉品种多了，需要选对面粉。庆丰有专供的包子粉，但是常常会有老客人问，在家里包包子，用什么面粉。庆丰的厨师会告诉她们，要选筋度在 28% 至 30% 的中筋粉。还会细心地告诉她们，醒好的面，拍上去声音发闷，砰砰的；如果拍的时候发出 piapia 的，就是醒得不够；如果用手一戳，就跟戳气泡似的，面塌了，那就是醒过了。

所以，一路走来，庆丰不单纯是个吃包子的饭馆，更像是个老街坊。没人天天吃庆丰的包子，但是哪天想了，他就在那里，热气腾腾的，客客气气的，道一声："来了您哪，今儿来什么包子。"

一个庆丰的包子的面皮是 23.33 克，这样的话，蒸出来的包子最好看。

每个庆丰的包子有 18 到 24 个褶。

每家庆丰包子铺里有 12 种馅儿。

北京的包子，得有北京的味儿，一口咬下去，就知道，这里是北京。

广和居

广和居，坐落在宣武门外菜市口半截胡同，是八大居之首。

清道光年间，广和居的名字就已经叫响了，《旧京琐记》中记载："士大夫好集于北半截胡同之广和居，张文襄（之洞）在京提倡最力。"当时的京官很多都爱在此吃饭聚会，吟诗作赋，更在墙上留下笔墨，俨然成了一种风尚。

名人来此的多了，甚至还发生了一些有趣儿的小故事，有传晚清著名的大书法家张绍基当时就住在附近，便经常来广和居用餐饮酒，后来他丢了官职，没了俸禄，再来喝酒都是记账，日积月累偿还不上，掌柜就向张绍基求字抵账，才留下了对联"名酿传千里，佳肴香半楼"，从此广和居的名声更大，还有人专程来看它的对联。

说起广和居的菜，好吃自然不在话下，还有一个别于其他饭店的地方就是"文人菜"。所谓"文人菜"，就是由来此吃饭的文人和官员教给厨师的菜。像"潘鱼"，是晚清的翰林潘祖荫传授的"潘氏清蒸鱼"；还有"曾鱼"，是曾国藩留下的做法。还有韩肘、江豆腐等等，一些以姓氏冠名的菜，都有一位与此有关的食客。

广和居的盛名到了民国时期依然不减，当时住在山会邑馆的鲁迅先生就是常客。《鲁迅日记》里写道，1912 年 5 月 5 日抵达北京，5 月 7 日"夜饮于广和居"。他与郁达夫喜欢在此饮酒至酩酊大醉，想来也是鲁迅先生最爱"三不粘"这道菜的原因。"三不粘"，由蛋黄、淀粉、白糖和清水制成，状态介于糕羹之间，用汤匙舀食，一不粘匙，二不粘盘，三不粘牙，故而名曰"三不粘"，还有解酒之功效。

现在人对广和居的了解，也只能是靠着资料了，在这里吃过饭的人大抵上也都不在了，这兴隆了一个世纪的饭店，在1932年封了灶，此后空置，住人，再也没营业。

同和居

同和居是一个北京城里老饭馆的名字。最早出现在1822年。那一年，世界上出现了第一张照片，技术原因，照片并没有留下来。然而那一年诞生的同和居的味道，却被厨师和食客们口口相传，记录了下来。

北京的老饭馆，大多是鲁菜。同和居也一样，这是一家地道的鲁菜馆子。不过，和其他鲁菜馆子略有不同的是，同和居的第一代大厨来自山东省烟台市福山区，当年那里叫福山县。

福山鲁菜自成一派，厨师擅长烹饪海味河鲜。所以，同和居很是有几道海鲜名菜，比如潘鱼、油爆双脆、绣球海参、烩乌鱼蛋、扒鲍鱼龙须。

同和居退休的六七十岁的老厨师，打眼一瞄海参，就知道是哪里的海参。

他怎么知道的？老师傅说了，干了一辈子，闭着眼睛摸都知道。四列刺儿的海参是中国海产的。六趟儿的是日本海产的。

同和居原来在西四南大街3号，后来搬家了，现在也有了分号，变化挺大的。也有没变的。牌匾上的字，依旧是书法家溥杰当年给写的字。百十年来，这字、这字号、这手艺，倒是没怎么变。

20世纪六七十年代，有关部门组织了厨师的学习班。将老字号的老厨师集中起来，向大家传授烹饪手艺，整理老菜

◉ 20世纪60年代西四同和居　　◉ 20世纪70年代同和居

的做法。那个时候的学员，就是80年代的厨师界的中流砥柱，也是现在的老师傅。是他们，留下了同和居的老味道。

比如著名的三不粘。

三不粘是鲁菜中特有的一道菜。有一种说法是，因为鲁菜要用到大量的鸡蛋清来挂糊，所以会剩下很多鸡蛋黄。扔掉太可惜了，厨师们就发明了三不粘这道菜。

鸡蛋黄，加水加绿豆淀粉加糖，下锅推炒，五分钟之后，液体就变为固体了。就是这么神奇。还不能眨眼，一眨眼，上一秒还是金黄色的液体，下一秒，就变成了一整块。这个过程，需要厨师不停地翻勺，勺不离火，火不离勺，要翻五六百次。出锅的时候，一气呵成，出溜到准备好的盘子上，真正做到一不粘勺、二不粘盘、三不粘牙。

这道菜，在国际上相当有名。当年日本天皇为这道菜，派专人用保温桶买了带回日本。这算是最远的外卖了吧。

现如今的同和居里，专门有一溜灶台，不做别的，只做三不粘，而且一天就做一百份，这传统的做菜手艺不能有一丝一毫的失传！

同和居是怎么诞生的，抛开那些传说和戏说，总归是顺应了时代的需要。同和居一直发展到了今天，也同样是时代的需要。一个鲜活、充满生命力的老字号，是时间留给这座城市的礼物。

20 世纪 80 年代同和居及其贵宾厅

砂锅居

砂锅居，从兴起到名满北京，靠的是当家菜——"砂锅白肉"。

在北京，可能在别的饭店里，也能吃到这道菜，但是，唯独砂锅居出品的"砂锅白肉"，与众不同。

因为砂锅居的白肉，跟清朝皇族祭祀有很大的关系。

清朝的皇室在特殊的日子都会举办萨满祭祀的活动。活动中的仪式，有一项是"摆牲"。这摆牲，就是要把去皮煮好的猪肉，按照一定的顺序摆放在指定的位置后，再举行祭祀活动。

活动还包括"吃肉"。

这个肉，就是萨满祭祀中，摆放过的肉。

所以，这个时候，"吃肉"就不能简单地叫"吃肉"，而是被称作"吃神余"。这是祭祀活动的一部分。

清代宫廷里的萨满祭祀非常频繁，每天都要在坤宁宫举行祭祀礼。普通的满人百姓人家，在重大的时刻，也会有萨满祭祀的活动。但是，祭祀这种精神层面的活动，大概是要建立在经济基础之上吧，所以，要说规格高、品质好的"摆牲"，肯定还得是皇家的。

皇室的祭祀活动如此频繁，"神余"吃起来，估计是有点压力。吃不完怎么办呢？

历史往往是小人物创造的。

这个时候，思想活泛、颇具经济头脑的劳动人民就登场了。

西四地界儿，缸瓦市附近，有不少座王府。礼王府、定王府，远一点的恭王府，这些个王府里的"神余"，极有可能就是通过这一带王府里的工作人员，以某种形式，流传到了民间。

有一种说法，是定王府里的更夫开了先河。

据说，乾隆年间，定王府的更夫，在王府的更房外墙，开了一个小店。卖的就是王府里的"神余"，也就是煮好的去皮猪肉。由于肉质好、做法讲究，所以，生意是越来越好。当年还有人写诗："缸瓦市中吃白肉，日头才出已云迟。"您看，这里头说得明明白白的，去缸瓦市吃白肉，日头刚出来的时候到，这就算来晚了。

这家小店叫和顺居，就是砂锅居的前身。

由于砂锅居的煮白肉，源自萨满祭祀的"神余"，所以，只有他们家的这道菜，白肉是去了皮的。这个规矩一直沿袭保留到今天。即使，和顺居后来改名叫砂锅居，地址也从原来的定王府更房外墙，迁到了今天的位置；来吃砂锅白肉的人从穿长袍马褂，变成了牛仔T恤衫；人们的联络方式从写信，变成了微信，砂锅居的这道"神余白肉"，一直保持着当年的样子。

可以说，是砂锅居这个小小的饭馆，保留了两百年前北京满族的祭祀活动的一个影子。让今天的人们，通过一道菜，有

砂锅居

机会了解一点儿那时的生活。

砂锅居就像一个老菜博物馆，储存了一些老年间的菜品。除了从清代乾隆年间流传到现在的砂锅白肉，还有些其他的手艺。比如"芝麻丸子"。

这道芝麻丸子是以前京城著名的下酒菜"三十二炸"里的其中一个。

听砂锅居的厨师说，过去卖酒的饭店，会专门有个菜单，内容就是三十二炸，炸排骨、炸腰花、炸肥肠等等，听着就下酒。可惜，这些菜，大多都是费劲的手艺菜，麻烦，还卖不上价格，所以渐渐就没人做了。芝麻丸子前几年，砂锅居的师傅偶尔还做。只是做起来的确很有难度。难就难在"热糖"这个环节。化好了糖，下丸子的时候，下早了不亮不粘，粘不住芝麻；下晚了就变成了拔丝，颜色也不好看了。所以，师傅们得练就一双火眼金睛，更要眼疾手快。

做好的芝麻丸子，每个丸子跟成年人拇指差不多大，外甜内咸，香脆可口，是道下酒的好菜。

四大顺

东来顺

　　东来顺是从推车小摊儿起家的京城名店。1903年，由丁老先生在东安市场创建。最开始就是在东安市场里头推着车子卖豆汁儿贴饼子。没想到买卖越做越大，后来就租了房子，有了铺子。做成了店以后，丁老先生卖鲜羊肉，后来经营铜锅涮肉。

　　那个时候北京一到了立夏时节，北边、西边养羊的人，就把羊都赶到张家口的刺儿山，连避暑带养膘。到了秋天，牧羊贩子把羊再从山上赶进北京，在西直门外再养一个星期，据说是让羊喝足了高亮桥下的玉泉山泉水，再进城来宰杀。所以，羊肉不腥不膻，涮起来特别细嫩。

　　东来顺就是用的这样的羊肉。

　　东来顺不仅选的羊讲究，处理羊肉的技术也非常领先。用老厨师艾广富先生的话说："当年东来顺处理羊肉的方法，效果等同于现在西方先进的排酸冰鲜。"

　　艾先生说的这种方法，东来顺当年叫作"水夹肉"。最开始是为了好切，就用冰块压羊肉。先铺上15厘米的碎冰，在冰上铺一层白布，布上码一层15厘米厚的羊肉。然后再铺白布，布上再铺碎冰，碎冰上再铺羊肉，每一层都一样高，每一层用桐油布隔水。一直码六层，大概一米二高。码好了以后,顶上封死。六小时以后,血水跟着冰水,就从桐油布上流出来了。一天一宿之后,拿出羊肉切,不仅容易切成薄片,还一点血水都没有。

羊肉处理有方,选择亦有道。东来顺的少掌柜叫丁永祥,他说他们家只选用公羊肉,因为母羊肉即使经过处理,也会有微微的膻气。

过去,只有秋冬季节有涮羊肉吃,东来顺养着几位专门切羊肉片的师傅,一个工作季,能赚出一年的生活费。

东来顺的生意极好,不仅仅因为肉美价廉,其实跟经营者的眼光和胸怀有极大的关系。

铜锅涮肉的小料现在都是调好的,客人来了,每人一份。其实在民国时期,东来顺的小料,是客人自己调的。就跟现在许多火锅店自助 DIY 小料一样。那可是一百年前的事儿了。

时尚总是在循环往复,像一个莫比乌斯环。

东来顺是丁家的产业,但是丁家有家规,不许自己的孩子参与管理,不许去白吃白喝,据说连店都不让进。想吃涮羊肉要么去别人家,要么叫回家里吃。企业管理人才都是从外面聘请的能人,正是这种独特的经营管理理念,让东来顺经历兵荒马乱、天灾人祸,招牌一直没倒。

现如今,东来顺不光在北京是一块金字招牌,而且闻名全国,在许多城市开了分店,铜锅涮肉自然是东来顺这块老字号的代表菜。东来顺最大功劳是把涮肉调料、压肉工艺、切肉规范推向市场。"爆烤涮"不是东来顺独有特色,准确叫法是"炮烤涮"。"炮"可以说是北京清真小吃的起源。中华人民共和国成立以前,北京城里有许多早市和小市,尤其是小市,什么都卖。那个年代北京的回民大都推着小车子走街串巷或在小市里卖铛炮羊肉、切糕、羊头肉等。够级别的北京清真饭馆里都经营"炮、烤、涮、烧、扒",这是清真餐饮业独有的五大烹饪技法。过去许多清真馆门前都设一个炮肉窗,用它来招揽生意。直到 1958 年北京市出台卫生管理条例,才把清真馆门前炮肉摊儿取消,变成了现在的用勺炒制。过去人们把"葱爆羊肉"简称叫"家常炮"。1949 年后北京的东来顺、又一顺都恢复了这道菜。未来,除了铜锅涮肉,东来顺也肩负着发扬清真饮食文化的时代重任。

西来顺

西来顺饭庄是北京清真四大顺中非常特别的一家饭馆。因为西来顺里有西餐。

西来顺是 1930 年开业的,地址在西长安街上。第一任厨师叫褚祥,先后在清宫御膳房和北洋政府总统府当过差,被称为"清真第一灶"。

西来顺的西餐,不完全是字面上的意思。准确地说,是大厨褚祥引进了西餐里的食材和调料,来做东方传统美食。

比如当时西来顺的后厨,有生菜、咖喱粉、沙拉酱,这在 20 世纪 30 年代,那可是不得了的事情,需要勇气和智慧。

"西来顺,在教门馆子中比较摩登……往往运用思想,发明一些新菜式,介于半中半西之间,也介于荤素之间,阔人请客,朋友小吃,都行得。"[1]

西来顺有许多创新的清真大菜,红烧鱼翅、抓羊肉、马连良鸭子、锅塌香椿豆腐、全羊席等,从开业那天起,就一枝独秀,不仅是北京清真菜馆的代表,而且是北京饮食的高地。可惜,在西来顺名声最鼎盛的时期,大厨褚祥突然逝世,投资人的买卖也倒闭了,西来顺就歇业了。

20 世纪 80 年代,西来顺重装开业,沿袭老字号,传承老手艺。

如今,西来顺的传承人早就独当一面。虽然他从小的愿望是做警察,但是能当上西来顺的传承人,也觉得非常荣耀。

在西来顺,马连良鸭子算是当家菜中的当家菜。传承人

一 《实报》1935 年 4 月 25 日。

自然要会做。这道菜，非常特别，用淮扬菜的汤料来做鲁菜。是大厨褚祥专门为京剧表演艺术家马连良先生创作的，甚至还用马连良先生的名字命名了。

马连良鸭子制作过程繁复，十分耗费人力。要用调好的调料搓鸭子，每只鸭子要搓近千下，才能达到去鸭油的效果。这个调料需要专门来调配，每次只能做出搓6只鸭子的料。

处理好鸭坯，上锅蒸，蒸的时候不开盖，蒸完了炸。火候、尺寸，完全靠厨师的经验判断。这中间的变化，是厨师在和食材对话。食客吃完了，盘干碗净，这是对厨师最高的赞美。

南来顺

南来顺现在在大观园，是个很大的餐厅。刚立招牌的时候，是天桥的一个小吃店，紧挨着当时京城著名的"豆腐脑白"。当时天桥有许多小吃摊和小吃店，每天人来人往，生意兴隆。

从1937年建立到今天，和许多老字号一样，经历了历史的变迁。但是当家的特色一直没丢。

比如爆糊、烧羊肉、糖卷果，爆、烤、涮这些清真教门里的传统菜式，在南来顺都能尝到。

在南来顺工作了29年的陈连升老爷子说，南来顺的爆糊，可是京城有名的，这道菜是南来顺的代表菜。

爆糊是北京清真菜馆里独有的一道菜。上好的羊肉片，下热油锅里，放粗的葱丝，一应调料，小火翻炒，不停地翻炒。这是一道非常考验厨师手艺的菜，翻的不够勤，火大了，就真糊了。必须是小火靠到羊肉片散发出糊香气，最后撒上蒜片、香菜，这才算齐活。

民间总是有许多有趣的故事，比如关于这道"爆糊"。有一种说法是，当年京城的煤市街，有个以做馅饼闻名京城的馆子，叫"同聚馆"，掌柜的姓周，擅长烙馅饼，当然也擅长做些其他的精致名菜，尤其是"炮羊肉"。这道菜有点像北京的炙子烤肉，只不过，不是烤的，而是用油炒的。大火速成，味道极美。同聚馆的炮羊肉在民国初年，可是京城消夜里的"超级单品"。许多名人都来这里消夜，专门点这道炮羊肉。有位说书先生，是店中常客，和掌柜的以菜会友，非常熟络。掌柜的会提前为他预备下消夜。但是有的时候人比菜来得晚，掌柜的用小火反复热了之后，无意中，就得了这么一道新菜，大火后再小火慢慢翻炒，最后，葱有糊香，但是却没糊，羊肉片在相对长时间的翻炒中，更加鲜嫩入味，不知道谁给起了名字，就叫"爆糊"。

当昨天成为历史的时候，有些事很难留下清晰的脉络，但是有些重大的节点，可以作为参考。

比如，这道爆糊，为什么就成了南来顺的招牌菜呢？

这恐怕跟南来顺后来开展的寻回、保护、发展北京小吃的工作有很大的关系。尤其是南城的小吃。

再后来，南来顺还提出了"小吃宴"的概念，让民间的特色小吃传人有了展示的场所。羊头马、切糕米、焦圈王……这些北京小吃的顶级招牌，在南来顺群英荟萃。小吃、大菜，故事、历史，南来顺都有，时代变了，但总有些东西，没变，也不能变。

又一顺

又一顺是北京四大顺中，最年轻的，创建于1948年，地址在西单路口，宣武门大街3号。又一顺的老板，也姓丁，就是东来顺的丁掌柜。用现在的话说，又一顺，就是东来顺的副牌。

当时的北京，八大堂、八大楼歇业的歇业，倒闭的倒闭，蛰伏的蛰伏，清真教门的两大鳌头，东来顺和西来顺各执京城美食圈的半壁江山。想吃涮烤去东来顺，愿意体验炒菜新派做法去西来顺。

后来，西来顺的名厨褚祥英年早逝，大家都奔着大厨去的，如今大厨没了，西来顺渐渐有衰败之势。再后来，西来顺就歇业了。

东来顺的丁掌柜早就看好了西单路口这块风水宝地，那里是通往南城、卢沟桥的必经之路。不论是在城里活动，还是进出北京城，那儿都是个集散地。所以，丁掌柜买地盖房子，准备开个东来顺分店。涮烤的顶尖人手，是现成的，清真教门炒菜的厨师还得是西来顺的有保准。正好赶上西来顺歇业，丁掌柜就把西来顺的厨师请来了。那些都是名厨褚祥的徒弟，手艺肯定是一等一的好。

这样，东西顺的能人都会聚在了这家新店，丁掌柜就给新店起名叫"又一顺"。

又一顺囊括了当时京城清真教门的顶级烹饪专家，后厨的阵容堪称豪华天团。教门里的所有餐饮形式，又一顺都有。曾经北京城里从来没有过的菜品，也在这里诞生。

20世纪五六十年代，京剧名家马连良先生常常来又一顺。据说，马先生每次来，都会点两个菜，一个是摊黄菜，也就是炒鸡蛋。北京人有时候也管鸡蛋叫"木须"。一个是醋熘羊肉片。

有一次，马先生也不知道怎么就把摊黄菜和醋熘羊肉片给拌在一起了，没想到，意外地好吃。店里的厨师一看，觉得很有意思，就试着在后厨摊了个鸡蛋，要翻勺的时候，在锅边烹了点醋，以去掉鸡蛋的腥气，然后倒入羊肉片。正好炒羊肉片的时候，平时也会烹些醋。两样炒在一起，就诞生了一道新的菜品——醋熘木须。

后来，这道菜，就成了又一顺的代表菜，传遍京城的各个角落。直到今天，还有许多客人，是奔着又一顺的这道醋熘木须来的。

又一顺，新菜老菜都全乎，价格还实惠。所以，又一顺一直是京城的美食地标之一。

现如今，又一顺早就自成一派，是北京城里响当当的美食打卡地。虽然也是经历了迁址、创新的历史过程，但是又一顺博采众家之长的魂没有变。醋熘木须、全羊席、他丝蜜、卧虎饼……每一样招牌菜都有传统的根儿，又有现代的朝气。

从它建立那天起，又一顺，就注定是引领时代的先锋。

当代名店

全聚德

电影《邪不压正》里,有一段北平1937年冬天的模样。

那一年,北平有个著名的饭馆,叫"全聚德"。故事的主人公如果真的曾经存在,他一定知道前门外肉市廿四号的小楼里,有当时北京最好吃的烤鸭。

让我们把扔掉的老皇历一本一本捡回来。

当翻到1864年这一本的时候,一定要认真看看,因为,这一年发生的事情,左右着我们今天的餐桌。

这一年,有个叫池田菊苗的日本人出生了,他长大之后,在喝汤的时候,发现了海带里的谷氨酸钠,不久之后,创造了"味精"的提炼方法。

味精,人类吃了155年。

这一年,一位叫杨寿山的衡水大叔,在前门盘了一个即将倒闭的小店,把原来的店名"聚全德"改成——"全聚德",卖自己做的烤鸭,这店,一下子就翻身了。

全聚德烤鸭,我们吃了155年。

全聚德,从那个时候起,就一直是天子脚下的一块招牌。

皇帝没了、军阀来了、闹日本了、开城门了、皇帝逛紫禁城要买票了、凭票吃烤鸭了、全聚德开分店了……

月份牌上的纸,一页接着一页扔到了故纸堆里,但是全聚德这簇烤鸭的火,依然跳跃着。

老百姓家里的挂历,转眼,就翻到了物质极为丰富、物流空前便利的今天。

我们站在今天往回看,不禁感慨,155年前那个精明能干的河北杨老板,就是北京饮食史选中的人。

那一年,家乡闹灾荒,他背井离乡来到北京谋生,没有去同仁堂当小工、没有去王致和做酱豆腐,偏偏在前门外大街卖鸡鸭。

那一年,北京民间已经有一种源自南京片皮鸭的烤鸭,它不见明火,隔火而成。也许还有操作相对简单的在明火上直接烤的烤鸭。不论是哪种,在当年,一定是难得的、让人难忘的一种美味。

可能杨寿山在有了一些积蓄之后的某一天,品尝了这种喷香的烤鸭。烤鸭的香气,滋润了杨老板的眼睛。跳动的火焰,拨亮了杨老板未来的路。

后来,因缘际会,又结识了从宫廷流落民间的孙师傅。这位孙师傅,全名已不可考,但是,他曾经在御膳房负责烤鸭、烤猪,有一手与众不同的烤鸭手艺。二人联手,改进烤鸭工艺,使得明火烤鸭成为北京饮食的一位"大咖"。日复一日,全聚德,几乎成了北京烤鸭的一张名片。

在现代工业技术普及之前,品尝烤鸭最美的时节是秋、冬两季。这个时候的鸭子最肥美,晾晒鸭坯品质最好。想来,当银杏叶的金黄点缀着京城的蓝天;莹莹生光的白雪,映着红砖金瓦的宫墙的时候,炉膛里的火苗,摇曳着烤鸭的香气,倘若世间太平,这该是一幅羡煞神仙的画面吧。

渐渐地,全聚德形成了烤鸭的一种标准。

鸭坯要用北京填鸭。

要处理鸭坯。

要用果木烤。

鸭子要片成丁香叶，连片数都要控制在一百片左右。

这里也许隐隐有宫廷饮食的影子。

其实，全聚德不光有烤鸭，全鸭宴、全鸭席、多次操刀国宴，在经历了时代变迁之后，全聚德不仅没有被历史忘记，反而成为了历史的一部分。

但是，也有一些手艺和讲究，流落在历史的长河中，盘旋、最终消散。

百年前，气势如虹、高低错落的北平景象可以靠电影手段来复原，在屏幕上"还魂"。

然而，消失的味道呢？什么样的高科技，能让后代的人，体会到当时的美味？

假如，我们在一路狂奔的时候，能多带点行李就更好了。

便宜坊

北京宣武门外达智桥胡同有一座杨椒山祠。600年前，杨椒山做了两件事儿，跟现在多少都有点关系。一件事情是弹劾了大奸臣严嵩，另一件事情是写了三个字"便宜坊"。

便宜坊原来是个二荤铺，主营酱肉卤菜烧鸡烤鸭。这烤鸭跟我们今天的烤鸭还不太一样，它更接近于"金陵片皮鸭"。

金陵片皮鸭的鸭子品种和北京烤鸭不一样，没有北京烤鸭的鸭子皮下脂肪厚。不晾鸭坯、不挂糖水，也不灌汤。简单讲，就是把处理过的鸭子放在明火上烤。假如里面的肉熟了，那么外面的皮肯定煳了。所以，片皮鸭其实只能吃最外面的皮带一点点肉。里面的那层肉，是没有熟的。明成祖朱棣迁都北京的时候，带来了金陵片皮鸭的技术，在北京落地生根。

后来，渐渐出现了不见明火的焖炉技法。先将炉膛加热到一定的温度，再将处理过的鸭坯子挂在炉膛里。关上炉门，利用辐射的原理，将鸭子烤熟。

这种不见明火的烤鸭技术，对掌握炉火温度的师傅要求很高。温度过高，鸭子会被烤煳。温度过低，鸭子则烤不熟。

这项技术到底是怎么成熟的，现在缺乏考证的历史依据。但是，一切变化和成熟，都是最好的安排。

比如600年历史的便宜坊，出现了花香酥烤鸭和蔬香酥烤鸭。利用胡萝卜、洋葱、香菜、芹菜这几样蔬菜和一些鲜花来处理鸭坯，这样烤出来的鸭子，既保留了烤鸭独特的香气和口感，又减少了食客对油脂的摄入。这是国家专利，这项专利，让传统饮食文化，与现代，与世界接轨。

北京的烤鸭店遍地开花，真正用焖炉烤鸭的，还就便宜坊这一家。

作为北京饮食的门面之一，便宜坊多次接待外宾，承接国宴。除了烤鸭，还研发了三国文化宴、西游记文化宴等新式餐饮方式。用食材讲故事，在餐桌上传播、弘扬传统文化，新颖又独特的创意，得到了国家领导人的好评。

烤肉季

饭馆起名字有几个原则，图吉利彩头好的，爱用福、寿、和、丰、德这些字样；愿意亮出风味来源，直接用地名的。还有一种，就是用自己的姓。一般用自己姓做招牌的，大抵对自己的手艺非常有信心，毕竟，将自己家族的姓氏荣辱，和饭馆的名声紧密地结合在一起了。

烤肉季，就是这样一家专营烧烤的饭馆。

1848年，北京通州的回民季德彩在什刹海的荷花市场边上，开了一家烤肉店，开始叫潞泉居，因为通州有条河，叫潞河，所以，幌子里有个潞字。后来，因为烤肉做得好，出了名，大家都专门奔着什刹海季家的烤肉来，潞泉居的名字反而没有叫起来，也不知道谁先喊的"烤肉季"，再后来，干脆，季家就用"烤肉季"做招牌了。

烤肉季选的这个地方，极好。打元朝，就是商业中心，还

20世纪70年代烤肉季

是北京城里景色非常好的休闲中心。银锭桥、湖边柳、西山落日、眼前荷花，得天独厚的一块福地。

那会儿烤肉就是烤肉，不叫"撸串"。因为肉也没穿在扦子上。

烤肉季一百多年来，坚持着自己的信念，精挑细选的绵羊，只用上脑和后腿的肉。切成薄薄的羊肉片，再用特制的酱油、卤虾油、姜汁等调料拌匀。铺在炙子上，炙子下面用松枝儿烧火。烤的时候，加葱丝、鸡蛋，必须用六道木翻烤，讲究可多了。跟现在的烧烤，还不太一样。

北京人对吃，多半是抱着享受艺术的心思。就一个吃烤肉，都有许多讲究。害怕烟熏火燎的，想斯文的，就请后厨的师傅给烤好了，端上来，吃现成的。还给这个吃法，起了个名字，叫"文吃"。烤肉季是有名的老字号，生意一年四季都非常好。其他季节倒好说，到了三伏天儿，后厨的师傅们可受了大罪了。厨房的温度表显示70℃以上，四脖子汗流的厨师们，不停地为客人烤肉。这是"文吃"，吃的人的确很斯文，汗都不一定出呢。

还有一种吃法，就是自己动手。烤肉季给客人预备了二尺

⚑ 1983年烤肉季厨师工作照

长的大筷子。在一个直径一米多的大炙子上自己烤。烤肉季的大木头筷子，必须用五台山上的六道木制作。这种木头天生有六个棱，非常坚硬，烤肉的时候不会糊，也不会掉木屑。烤的时候，还有个"姿势"，一只脚蹬在长条板凳上，一只脚站在地上，拉开架势，用长长的大木头筷子夹住腌渍好的生羊肉，摊在用松枝烧热的铁炙子上，自己翻烤，自己调味，自己把握火候。一边聊天，一边烤肉，一边喝酒。酣畅淋漓，不亦乐乎。冬天不怕冷，夏天不怕热，吃的就是这么个气氛。这就叫"武吃"。

烤肉季本来是个家族企业，后来成为北京饮食的一块金字招牌，是中华老字号。科学现代的管理方法，让百年老字号得到了很好的发展。

现在烤肉季的烤肉核心技术，已经传到了第八代，传承人是个"80后"的小伙子。

年轻的传承人，在71℃的后厨，用1995年的刀，为今天的客人切肉。

旁边的炙子下面，木柴架着的火苗舔着铁板，炙子上面的肉正拱起一个弧度,吱吱作响。

世界各地的游客,慕名而来,在烤肉季,烤肉赏荷,银锭观山,美食美景,尽收眼底。

让烤肉季的传人许个愿望,他希望,即使有一天,人类可以完全依靠科技生活,但是传统的手艺能一直香火不断。

烤肉宛

烤肉宛开张于清康熙二十五年间,公元 1686 年。在很长一段时间里,稳坐北京四九城里烤肉的头一把交椅。

最开始,只是一位姓宛的回民在宣武门附近推车卖牛羊肉。后来不光卖生牛羊肉,还装上了炙子,生起了火,顺便卖烤肉。这个时候,来吃的食客,都得站着吃。再后来,赚了钱,买了铺面,食客们,这才算有个座儿。

等烤肉季在银锭桥开业,北京的吃主儿们,总结了"南宛北季"的经验。

其实烤肉宛和烤肉季最大的区别是,烤肉宛有烤牛肉,烤肉季没有。

20 世纪 80 年代烤肉宛

烤肉宛在宣武门内大街安儿胡同口。安儿胡同现在已经拆除，大概的位置就是现在宣武门和西单中间，天主教堂北边的地方。那会儿的炙子烤肉，烧的都是松枝，有种特别的香气。传说烤肉宛有一个很古老的炙子，是从明万历年间传下来的。宛氏兄弟，一直使用。俗话说："要想烤肉好，炙子得用老。"越老的炙子，烤出来的肉越好吃。所以，虽然别人家也有牛肉，但是食客们就认烤肉宛。烤肉宛生意很好，但是兄弟俩不忙不乱，老大算账、老二切肉，迎来送往，日子就这样过去了。

张大千先生、梅兰芳先生、马连良先生都是烤肉宛的常客，齐白石先生更是专门给烤肉宛写了题匾。烤肉宛现在是国家特级餐厅，烤肉的技术被认证为"北京非物质文化遗产"。

谭家菜

谭家菜，官府菜的代表，由清朝官员谭宗濬的家人原创，因为谭宗濬是同治十三年的榜眼，所以谭家菜又叫"榜眼菜"。说起谭宗濬，来自广东省的他，爱吃懂吃可以说再正常不过，大概是翰林里唯一研究菜的人了。据说他一生都酷爱珍馐美馔，甚至还亲自监制，热衷于在家中设宴跟好友分享菜肴。

过去想吃谭家菜是非常困难的，因为是谭家的家宴，根本不对外。直到清朝统治结束，谭家迫于生计，才渐渐开始对外承办宴席。高端的食材和独特的口味，很快就让谭家菜名声大噪，更有"食界无口不叫谭"的美誉，谭家菜这才真正成为一个饭店。以烧、炖、煨、烤、蒸为主的谭家菜，很少使用味道过重的香料，经常是糖盐调味，还擅长使用干货，高汤更是一绝，燕翅鲍各种山珍海味都是拿手的菜品。如此用料，每桌宴席的价格自然不菲，吃得起的都是政商界的名流，但生意却从未冷淡，即使需要提前很久预约也不能阻挡食客们的热情，可见谭家菜之美味。

"清汤燕窝"是谭家菜中的代表作，三小时泡发燕窝，反复洗净后，放入鸡汤蒸三十分钟，盛在小碗里，再把用鸡、鸭、肘子、干贝、火腿等熬成的汤烧开后加入其中，调好味，每碗还要放一些火腿细丝。这道菜营养价值极高，鲜美无比。

吃谭家菜，还有一些特别的规矩要知道，那就是每桌酒宴都要给主人留个位子，谭家主人也会在宴会上与食客们交流一些关于美食的话题。再有，无论对方有多位高权重，谭家的厨师从不外借，要吃谭家菜必须登门。

1943年和1946年谭瑑青、赵荔凤夫妻相继去世，谭家菜一时间遭受重创，在由彭长海继续坚持了几年之后，谭家菜离开了谭宅。尽管如此，谭家菜从清朝至今，几辈人从未中断，这也让谭家菜的烹饪技艺很好地传承下来，让现在的人们可以看到最正宗的官府菜。1958年，周恩来总理亲自指示，谭家菜入驻北京饭店，让谭家菜又恢复了昔日的繁荣。

丰泽园

北京有俩叫丰泽园的地方，一个在中南海里，一个在珠市口大街。珠市口大街的丰泽园，是一家规格非常高的鲁菜馆子。

规格有多高呢？

新中国成立前，丰泽园是八大楼"新丰楼"的堂头创业项目，成为当时达官显贵、社会名流的聚会首选。

新中国成立后，是一级饭庄。能接待外宾、中央首长，铺白色桌布，卖可口可乐，用外汇券。当时的一级饭庄，除了丰泽园，还有听鹂馆和仿膳。

一直到1985年前后，同和居、烤肉季、峨嵋酒家、鸿宾楼这些二级饭馆，才能卖可乐。

所以，可乐，担当过一段时间级别的象征。

新丰楼的堂头是什么呢？为什么如此神通广大，打造了一个超级单品呢？

堂头，是旧社会餐饮业一个非常重要的岗位。换成今天的话讲,差不多相当于前厅经理。企业要是有一个出色的堂头,那就等于成功了一半。堂头会和食客建立很好的黏性,他是个社会学家、心理学家。知道来的客人是什么身份,什么地位;你来是纯粹为吃饭的,还是为办事的;是想多花钱、少花钱,想少花钱的,你得给他既少花钱又撑面子;来了真正的吃主,要会推荐特色菜;座位的调派要合适,让客人满意。[1]

当时新丰楼的堂头,叫栾学堂,是京城的名堂头,就是这么一个举足轻重的人,和新丰楼的厨师团队一起,创办了丰泽园。

那是1930年。

丰泽园是地道的鲁菜饭馆。看家名菜是葱烧海参、砂锅鱼翅、干鱼翅、葱烧大乌参,一个比一个大气,餐具更是清一色的银器。一看就不是平时过日子去的地方。一般都是政要贵宾,名流艺术家请客的地方。

来过丰泽园的名人遍布中国近现代史。段祺瑞、吴佩孚、张学良、傅作义、张自忠、刘少奇、周恩来、彭真;梅兰芳、荀慧生、谭富英、尚小云、程砚秋、张大千、齐白石、徐悲鸿、陈半丁、李苦禅、李可染;西哈努克、田中角荣、布什、科尔、基辛格……数不胜数。

著名的顶级厨师,也有不少在这里工作过:郭友忠、王世珍、孙懋峰、朱家德、王义均等等。

王义均师傅烹制的海参类菜肴堪称海内一绝。海参清鲜,柔软香滑,葱段香浓,食后无余汁。在1983年的全国烹饪比赛中,丰泽园的王义均师傅凭着一道葱烧海参,赢得了金奖。从此,在国内餐饮界有了"海参王"的美誉。

丰泽园融合了济南与胶东地区的鲁菜风格,创新而自成一派,名扬四海。有一段时间,丰泽园还相继在烟台、天津、上海、南京、开封、香港等地开设了分号。丰泽园创始人栾学堂的山东老乡也以"丰泽"为名,在香港、巴黎等地开设饭馆,有的叫丰泽楼,有的就叫丰泽园。

在北京，有这么一句老话："吃饭丰泽园，穿衣瑞蚨祥。"丰泽园，曾经就是北京餐饮业的一个地标。

柳泉居

柳泉居，是北京八大居之一，明代隆庆年间创建，至今已经四百多年。

现在，人们提到柳泉居想到的是一家老字号京味儿饭馆。但在最早的时候，柳泉居其实是一间黄酒馆，与当时的"三合居""仙露居"并称"京都三居"，以卖北京黄酒著名。史料记载，原址有一棵大柳树，树下有一泉眼，故而取名"柳泉居"，这酒馆里售卖的黄酒便是以此水酿造。当时奸臣严嵩流落街头，路过此地用银碗向老板讨酒，老板识得严嵩，听闻其书法了得，提出用酒换字，严嵩便写下"柳泉居"三个字。

旧时的柳泉居不仅是一个饭馆，还成了"新闻编辑部"。20世纪30年代，那些不再是权贵的王孙贝勒常常聚集于此吃饭饮酒，而大名鼎鼎的记者王柱宇以喝酒为幌子，借机采访这

柳泉居豆沙包

2016 年柳泉居

些混迹在酒肆的底层人士，使得他编写的《柱宇谈话》备受读者青睐，经久不衰。还有一人，也在这里观察众人，这就是住在一条街之外的老舍先生。他的《四世同堂》《正红旗下》也都是以柳泉居为背景，写尽了人生百态。新中国成立后，柳泉居一度更名为"永进食堂""平安食堂"，到了1978年才又恢复原名，著名书法大师贾松阳先生为柳泉居重写牌匾。1980年2月14日的《人民日报》还刊登了老舍先生的夫人胡絜青女士祝贺柳泉居重新营业的文章，可见她对这家饭店也有着深深的感情。

2005年，柳泉居因故歇业，没想到再开张已经是11年后，靠着卖豆沙包儿的小门店，柳泉居始终没离开食客们的视野。与众多齐名的饭馆不同，虽然柳泉居也有许多鲁菜的名菜，但是现如今柳泉居最为人们所熟知的是烤馒头、银丝卷和豆沙包儿这样的山东特色面食。每到腊月，柳泉居的门前就排起了长队，人们笑着聊着那些老字号的记忆，拎上两袋儿豆沙包儿朝家走去，透着浓浓的年味儿。

曲　园

曲园酒楼虽然是外地菜进京，但是连带在长沙的时间，这个湖南菜的招牌,也有一百多年了。新中国成立后,曲园进京,备受追捧,是中华老字号。

曲园酒楼自从登陆北京,就一直在搬家。西单大街、丰台公园、车公庄路口、阜外大街,终于,在展览路48号安顿了下来。

曲园酒楼除了湘菜做得好,最出名的还是浓厚的文化气息。侯宝林、溥杰、黄苗子、胡爽庵、娄师白、陈大章是顾问,雅座包间的厅名都是著名书法家题写的,想看启功、吴祖光真迹的,来曲园酒楼,能看个够。齐白石、梅兰芳、阳翰笙、周扬更是这里的常客。

作为京城数一数二的湘菜馆,曲园的菜单涵盖了湘江流域的湘潭风味和长沙的地方菜风味,在这个基础上,更偏重长沙菜。招牌菜有酸辣肚尖、红煨甲鱼裙爪、东安鸡、腊味合蒸等。跟马凯遥相呼应,互相补充,为在北京的湖南人一解思乡之愁。

曲园酒楼现在的行政总厨可以做发丝百叶。手工切的百叶丝,可以穿过缝衣针的针鼻儿。

原来给启功、侯宝林这些大师做菜,写菜单,没发过愁。现在写菜单,比炒菜难。因为费功夫的菜,还没怎么找到合适的徒弟,店里能做的人不多。食客里,会吃的也越来越少。

壹条龙

壹条龙饭庄,开业于1785年,是北京城清真饭店里的老字号。

1785年是清乾隆五十年,一个饭馆是不可能用"龙"这个字的,那时的壹条龙叫"南恒顺羊肉馆",还只是一个经营羊肉和烧饼的小铺子。直到1921年8月,才由杨铎声题字挂牌"壹条龙"。

据说当时北京卖羊肉的生意人,大多来自山东禹城,其中就有一个姓韩的年轻人在一家肉铺做学徒工,凭借聪明勤快,小伙子出师之后从摆摊儿,到在前门盖房开了自己的店。从最初的卖生羊肉和烧饼，到后来主营涮羊肉跟炒菜，生意越来越红火，这就是当时的南恒顺。

北京的铜锅涮肉锅底清淡，这样才最能显出羊肉的鲜美，但也对羊肉要求最高。壹条龙之所以历史悠久生意依旧兴隆，跟严格的选料密不可分。西口羊和北口羊，肥瘦匀称，肉细不膻，因此壹条龙的涮羊肉才让人流连忘返，百吃不厌。

在这里吃涮羊肉，搭配的主食一定是烧饼，因为壹条龙的烧饼做得也十分讲究。发面跟死面儿的比例是一比九，再加上一斤二两的芝麻酱，先烙再烤，香酥可口。

北京人爱吃涮肉，不管是一家老幼，还是约上三五好友，围坐一桌，就感觉惬意、舒坦。家里老人跟我说，过去穷，物资匮乏，工资也不高，偶尔能多挣点儿，就愿意去壹条龙吃上一回，那会儿肚里没油水，多少肉都吃不饱，也不能放开了吃，这顿还没吃完呢，就馋上下一回了。看着热气腾腾的铜锅，翻滚着肉跟菜，胃里热乎了，心里也就暖了，所有的疲惫都一扫而空。

要说壹条龙坚持至今也是不易，早在1900年，就被一场大火烧个精光，之后重建又开。1983年再一次在大火中被毁，直到两年后才恢复营业，成了伊斯兰风格的三层建筑。随着前门大街的大规模修缮，壹条龙也搬离了经营了上百年的旧址。到了2008年，壹条龙终于重回前门，让惦记它的食客们又有了念想。

功德林

功德林，在中国的素食界，无出其右。

杭州城隍山有一座常寂寺，在此修行的赵云韶居士便是功德林的创始人。1922年功德林在上海开张营业，除了寻常素食客，还有一众文化界的名人常来此处。上海功德林就挂着一张1930年8月鲁迅先生和十几好友的合影。

北京功德林素菜饭庄则是 1984 年出现在前门南大街，也是北京唯一的一家佛教净素饭庄。北京功德林从建造到经营，完全仿照上海总店，菜肴以淮扬菜为基础，再根据北方人饮食习惯稍加调整，形成了现在的独特口味。

虽然说是素食，但功德林的饭菜往往让你感觉到难以置信。素鸡、素鸭、素火腿等全是纯素材料制作，但口感味道，完全不输给肉，甚至还更为鲜美。故而，功德林还有"仿荤"的称号。

"金刚火方"，是功德林最为著名的一道菜，主料由冬瓜和鲜猴头菇构成，把猴头菇打碎成泥，放入切好成形的冬瓜里，蒸透之后再淋上特制的"红汁"，像极了红烧肉，不仅色香味美，更是营养丰富，充分展示了素食文化崇尚健康的理念。"金刚火方"不光好吃，这名字背后的故事也十分有趣，将佛教文化和素食文化巧妙地融合在了一起。

功德林不只有素菜，佛门净素月饼更是备受人们喜爱，它采用特别的工艺制作起酥，酥皮层次分明，酥、松、软，利口不腻，清香在口中久久不散。随着食客的逐渐增多，月饼的口味也越来越丰富，五仁、百果、椒盐、莲蓉等总共有十几种可供选择，还有无糖版本照顾了血糖高的食客。由于面点跨越了荤素的界限，也让更多不了解素食的人通过月饼知道了功德林，走进了素食世界。

现在的功德林，不仅把素食发扬光大，也从没忘记自己佛教饭庄的初心，尽力帮助别人，用实实在在的行动诠释爱的真谛。

仿　膳

膳，是饭的非常正式的表达形式。老百姓吃饭，就叫"吃饭"，皇上吃饭，叫"用膳"。普通的菜单就叫"菜单"，皇帝家的菜单叫"膳单"。皇宫外的饮食，叫"饭菜"，皇宫里的饮食，叫"御膳"。

所以，仿膳，就是仿照御膳的饭菜。

北京北海公园里的一家饭馆，名字叫作"仿膳"。

这家饭馆应该是仿照御膳最权威的一家了。因为就是清代御膳房的人开的。

1924年，末代皇帝溥仪离开紫禁城，主子都走了，皇宫里的许多部门纷纷解散，各色人等也流入民间。御膳房里的几位大厨也同样面临着这样的命运。后来，北海公园对外开放，赵仁斋赵炳南父子、孙绍然、王玉山、赵永寿等这六位原来就在御膳房一线工作的厨师，就在北海北岸开了一间茶社饭馆，亮出"仿照宫廷御膳"的招牌，取名"仿膳"。

虽然当时局势动荡，这家饭馆规模也不算大，但是做的完全是清宫里的著名菜点。比如扒鱼翅、红油海参、一品官燕、金蟾望月、四酥（酥鱼、酥肉、酥鸡、酥海带）、四抓（抓炒腰花、抓炒里脊、抓炒鱼片和抓炒大虾）、四酱（炒黄瓜酱、炒胡萝卜酱、炒榛子酱、炒豌豆酱）、芸豆卷、豌豆黄、栗子面小窝头等等。这可是御膳房的原班人马出手，换句话说，这些当年伺候皇帝的御厨，现在给大众服务了。以前听都没听说过的吃法，现在有机会亲自尝尝了，有实力的人，都愿意去体验一下御膳的感觉。

自然，仿膳饭庄，迅速发展壮大，名扬海外。

新中国成立后，仿膳成为宫廷菜的一个代表。从1955年公私合营开始，仿膳一直是北京接待外宾的重要场所。20世纪70年代，北京屈指可数的几家一级饭庄，就有仿膳。

仿膳作为宫廷菜代表，对食材的选择非常严格，做工也十分精细，厨师们力求原汁原味，保持了御膳清、鲜、酥、嫩的几大特点。进入改革开放新时期之后，仿膳厨师还在原有的基础上开发出了几百道新菜，无一不让人回味无穷。

在仿膳吃饭，还能体验许多清宫饮食的礼仪，从餐具到点菜，都是完全不同的体验。

几十年来，仿膳几次移址，都没离开北海范围。1959年，从北海北岸迁到北海南岸的漪澜堂道宁斋。那里一共有三个院子，装饰古朴，彩绘精美。漪澜堂是乾隆亲笔，仿膳饭庄是老舍先生题字，醉月、清漪、飞觞、烟岚、芙蓉这五个宴会厅的牌匾来自溥杰先生。这组建筑于清乾隆三十六年，仿金山寺而建，原来是专供皇帝皇后休息和用膳的私人场所，现在成为大众体验皇家美食的公共餐厅。依湖而坐，在此吃饭，真是一种难得的享受。

现如今为了保护古建，仿膳饭庄从漪澜堂搬到了北海北岸九龙壁附近，依然保持着御膳的水准，为广大食客服务。

森 隆

森隆饭庄是主营江苏菜的南方风味馆。和其他江苏菜馆相比，森隆的特点非常明显，以江苏镇江口味为主。

20世纪20年代，江苏人张森隆在东安市场金鱼胡同盖了一栋三层楼。一楼卖稻香春点心，二楼经营西餐、英法大菜和日料，三楼做中餐，主营江苏镇江风味，也做川菜和素菜。

不得不说，张森隆是个非常有生意头脑的人。这栋楼集中了当时最红火的餐饮形式，不管食客爱吃什么，来到这里，总有一款适合你。很有些今天美食 mall（城）的意思。

而且，张森隆还特别注重宣传。餐厅还没开业，就做了不少广告。

1924年4月17日，森隆饭庄正式对外营业，一时风头无两。

当时的政客名流，无不是森隆的座上客。鲁迅先生还在写给夫人许广平的书信里，记录了自己去森隆吃饭的事。

"今天上午来了一个客。下午到未名社去，晚上他们邀我去吃晚饭，在东安市场的森隆饭店；七点钟到北大第二院演讲一小时，听者有千余人，大礼堂为之满，大约北平寂寞已久，所以学生们很以这类事为新鲜了。八时尹默凤举等又为我饯行，仍在森隆，不得不赴，但吃得少些，十一点才回寓。现已吃了

1982年森隆饭庄

三粒消化丸，写了这一张信，便将睡觉了，因为明天早晨，便当往西山看素园去。"[1]

一天吃两顿森隆，可见，森隆的味道和社会地位还是相当不错的。森隆的代表菜肴有红扒鲍鱼、干烧大虾、松鼠鳜鱼、炒鱼糊、冬菜鸭、鸡素烧等。冬菜包、四方角、火腿萝卜丝饼也深得大家喜爱。

1956年，森隆饭庄公私合营。1968年东安市场改造，森隆饭庄不再营业。现在六十多岁的老厨师们回忆，20世纪70年代前后，有关部门组织他们这些年轻人，集中学习老字号的老手艺，学习班就设在森隆饭庄。

玉华台

玉华台是北京数一数二的江苏淮扬菜馆，创建于1921年。

[1] 张效民主编：《鲁迅作品赏析大辞典》，四川辞书出版社1992年版，第317页。

玉华台在锡拉胡同的时候,胡同里常常往来名人。

著名画家陈半丁说:玉华台做的淮城汤包,比在淮城本地吃的还要技高一筹。陈半丁先生可是浙江人,话里话外满满的"他乡遇故知"的感觉。

玉华台是来自扬州的马家兄弟开的,他们之前都在总督府里工作,其中一个还是厨师。吃过见过,有见识,来北京开饭馆,一炮而红。

买卖好到非富即贵的人们追着玉华台吃。从锡拉胡同到西单,再到马甸,每个年代的风云人物,都是玉华台的座上客。

各路书法家、画家、作家、京剧表演艺术家,每一位都如雷贯耳,每一位都在玉华台饭庄常来常往。

作为一家淮扬菜的名馆,玉华台做到了"人无我有,人有我精"的境界。代表菜有鸡火煮干丝、炝虎尾、松鼠鱼、扒三白、香桃鸽蛋、琵琶大虾、八宝鸡、干烧鲫鱼、蟹黄鱼翅等。面点品种有淮扬汤包、糯米烧卖、扬州锅面等。

值得炫耀的是,新中国的开国第一宴,虽然是在北京饭店举办的,但是却是借调了玉华台的九位大厨亲自操刀。开国第一宴大获成功,玉华台饭庄在新时代,谱写出新的辉煌篇章。

现在玉华台的当家大厨申建国先生,深得开国第一宴大厨的真传。这位申大厨,身高一米九七,玉华台的后厨专门为他重新铺建了地面。

玉华台饭庄的国宴菜如今面向大众开放,老百姓也可以体验国宴味道。

马 凯

马凯,是一个开在北京的湖南风味餐厅。

1953年开业,当年跟着爷爷奶奶去吃湖南菜的小孩子,现在都带着孩子去品老味道了。

东安仔鸡、酸辣肚尖、腊味合蒸这几样菜可以算是马凯餐厅和老食客的定情物了。在很长一段时间里,说起湖南菜,北京人首选就是马凯。

马凯餐厅开业的时候,剪彩的嘉宾是京剧大师梅兰芳先生,开业礼物是大画家齐白石先生亲自送的画,牌匾是书法家溥杰先生题写的。老先生们写的时候,不知道有没有好奇过,为什么一个湖南菜馆的名字叫"马凯"呢?

北京的地方风味菜馆,一般会用地名命名。比如"西安饭庄""延吉餐厅""晋阳饭庄",一看名字,就知道经营的是哪里的菜品。然而,马凯餐厅却不一样。那么,马凯是谁?和湖南有什么关系吗?

1968年到1985年,这十几年间,马凯餐厅有一位工作人员,叫侯玉瑞。他不仅是马凯餐厅的厨师,还当过马凯餐厅的经理。2019年,马凯餐厅在地安门的原址附近重张开业。这位老马凯人,讲述了一段关于马凯餐厅的回忆。

1973年,马凯餐厅要建设库房,侯玉瑞先生和其他几位同事为建库房挖槽,挖出来几个已经散碎的汽水箱子。箱子里面,还有些汽水瓶子。在汽水瓶子上,可以清楚地看到"法国马凯汽水面包"的字样。

1959年马凯餐厅拜师会

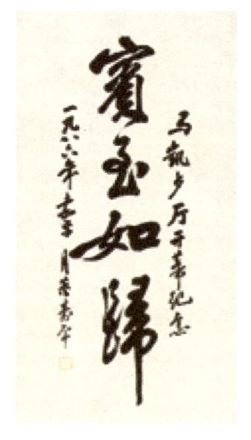

1986年董寿平为马凯餐厅开幕题词

20世纪80年代马凯餐厅

在咨询了老师傅之后,侯玉瑞先生得知,他所工作的马凯餐厅的这栋建筑物,在新中国成立之前,是一个冷饮店。冷饮店是由一位西方人资助开办的。这位投资人的名字,很可能发音是"马凯"。所以,这家在地安门的冷饮店,就叫作"马凯冷饮店"。1953年,冷饮店被收购,改为湖南菜餐厅,就沿用了"马凯"的招牌。1958年,公私合营,依旧保留了"马凯餐厅"的名字。

侯玉瑞先生回忆说,那几个汽水瓶子挖出来,就扔掉了。但是马凯的名字,一直沿用到今天。

谁也想不到,闻名京城的湖南餐馆名字的来源竟然是法国"汽水面包便当店"的字号。

马凯餐厅有几个典型酸辣口的菜,酸浓辣香爽口,可以说是马凯餐厅的招牌了。尤其是酸辣肚尖,还在北京市烹饪大赛上获过金奖。店内的点单量挺高,有一阵子因为原料供应不上,每天只卖20份。这道菜的原料是猪肚仁儿,每一个完整的猪肚儿,只有四分之一的部位,符合要求。一般五个猪肚儿才能做出一盘酸辣肚尖。所以,点这道菜,有个不成文的规定:"先到先得"。

为什么马凯餐厅的湘菜做得这么招人喜欢呢?几十年来,

马凯餐厅的后厨，一直有一坛子泡菜，还一直有人专门盯着往泡菜坛子里续菜。这就是马凯的"终极调味品"。马凯的厨师开玩笑说："马凯味道人人夸，泡菜当了半个家。"湖南菜酸辣口味的灵魂，是泡菜。因为在温度的变化中，只有泡菜，才能赋予食物恰到好处的酸辣度和持久的香气。

由于城市建设，2004年，马凯餐厅从鼓楼搬到长椿街经营，人气不减当年。今天，北京有两家马凯餐厅，不论是重回地安门的马凯，还是长椿街的马凯，依旧是北京湖南菜的美食地标。

老西安饭庄

老西安饭庄是 1954 年在北京开业的专营西安风味的饭馆。地址在新街口路东。在相当长一段时间里，是北京唯一一个能吃到羊肉泡馍的地方。

为了保证味道正宗，专门从西安当地的名店调来厨师。将近七十年来，坚持用陕西方法做陕西菜，北京现在的许多中年人，对西安风味的印象，都是从这家老店获得的。自己掰馍，领一张绿色或者粉色的纸条，羊肉串吃完要退扦子。这些几十年都没变。

店内还有毛主席画像，保留着毛主席当年来吃羊肉泡馍时候坐的椅子。

对于与共和国同岁的人来说，来这里吃饭，是情怀。对现在的年轻人来说，这里是吃地道西安风味的打卡地。

奇怪的是，后来老西安饭庄又开了几家分店，但是总觉得不如这家老店味道足。这恐怕是造成这里常年排队的原因吧。

丰富多彩的小吃

早餐

豆汁儿

豆汁儿

豆汁儿，饶世界看，只有北京有。

很多人都吃过，搭配着辣咸菜丝儿和焦圈儿食用。爱的人视若珍宝，几天不喝就馋，厌的人避之不及。

说来奇怪，许多游客，明明一脸的嫌弃，但是也非要尝一尝才罢休。捏着鼻子，喝上一口，整张脸立刻皱皱巴巴的，说："这是什么啊？！馊泔水味儿！"其实，也没有人强迫他们喝，完全是自己好奇。就好像，来到北京，不喝一口豆汁儿，就不算尝过这方水土。

客观地说，豆汁儿，其实就是生产绿豆淀粉的下脚料。

在北京北新桥二条胡同里，有一家卖豆汁儿的店。天天早上五六点钟，就开始排队，老年人居多。他们拎着大可乐桶、白色汽油桶、端着锅，有序地站着。

偶尔有人聊聊天："您打哪儿来呀？"

"我香山。"

"我沙子口。"

"那可够远的！"

"嗨，就得意这口儿。"

一会儿，店员来开门，放下前台的木板，大家打开各种容器的盖子。

当水龙头一拧开，流出灰色的液体，每个人都露出了笑容，仿佛得到了什么了不起的好东西。

熬豆汁儿，也有窍门。不能熬得大开了锅。大开锅以后，容易分层，下面就成了麻豆腐了。

现在有的饭馆卖豆汁儿，稠稠糊糊的，那是往里对棒子面儿了。过去全靠熬豆汁儿的师傅，掌握火候，豆汁儿不稠不澥，趁着热喝上一碗，登时一身汗出透，开胃又败火。在过去卖豆汁儿的店里，还能听见一句老北京的吆喝："豆汁儿开锅。"

北京人喝豆汁儿的历史可不短了。远了不说，清代肯定有了。20世纪80年代出版过一本书，叫作《北京往事谈》，里面提到过乾隆皇帝曾经派人去民间学习豆汁儿的做法。这说明清宫里有豆汁儿。

为什么派人去学习呢？说明喜欢。

普通百姓对豆汁儿更是追捧，它价格低廉，味道独特，只要第一次喝下去了，基本上就有了这个"瘾"。我们的食物里，甜、麻、辣、咸、臭，但凡是能对人造成感官刺激的，大都会形成一定的"瘾"，这也就解释了，为什么不喝豆汁儿的人说它酸臭不可闻，而爱它的人会大老远专程去喝，乐此不疲。

民间还有个说法，认为豆汁儿能去火，治病。比如谁刚刚上火牙疼，来几碗豆汁儿，准能顶回去。

豆汁儿之妙，一在酸，酸中带馊腐的怪味。二在烫，只能吸溜吸溜地喝，不能大口猛灌。三在咸菜的辣，辣得舌尖发麻。越辣越喝，越喝越烫，最后满头大汗。[1]这是豆汁儿的拥趸们的"豆汁儿经"。

汪曾祺先生在《豆汁儿》里说：他端起豆汁儿一饮而尽，还要再来一碗。

爱豆汁儿的人不分贫富贵贱，坐下来都是为的这一口儿，这也让那些卖豆汁儿的小摊子慢慢叫响了名号。

"豆汁儿丁"就是其中一家。清末，回民丁氏在西花市路北火神庙前开了豆汁儿摊儿，渐渐地，让周围的老北京人"认"下了。时代变迁，餐饮业越来越规范，"豆汁儿丁"成了后来大名鼎鼎的"锦馨豆汁店"。

那些搬到各处的老街坊从年轻到年迈，跟着摊儿进了店，大伙儿坐下来，端起碗，耳边嘈杂又熟悉的京腔儿老词儿，就好像一下回到从前，回到了家。

时光流转，不变的是人情，是这个味儿。

焦圈儿

焦圈儿是地道的北京小吃。从发音上，就有要求，得带上儿化音。

焦圈儿在这座城市里的地位，相当于认老乡的信物。当然，它要和豆汁儿一起出场。

其实，焦圈儿的做法跟馓子一样，就是形状不一样。而且，很有可能，焦圈儿反而就是馓子在宋朝的样子。明朝也一样。李时珍先生在书里写了："入少盐，牵索扭捻成环钏之形，油煎食之。"[2]

不太明白，一本医学经典著作里，为什么会有焦圈儿的记录。看来，馋，是种病。

其实焦圈儿不一定要搭配豆汁儿，用马蹄烧饼夹着，捏碎了吃，也没问题。

---

1 梁实秋：《雅舍谈吃》，万卷出版公司2015年版。
2 （明）李时珍：《本草纲目·谷部》。

焦圈儿

吃焦圈儿，就是享受个脆生劲儿。所以，名字叫焦圈儿，可不能真给炸焦了。炸过了，焦圈儿发黑，吃起来是苦的。

一个优秀的焦圈儿，颜色金黄、起泡均匀、酥脆油香。要说一咬，划破嘴皮子，那就不合格。

据说，乾隆皇帝专门派人深入民间，走基层，学习豆汁儿的做法。这豆汁儿都进宫了，焦圈儿八成也跟着一块儿上了皇帝的餐桌。皇帝肯定得吃新炸得的焦圈儿，但是焦圈儿必须得经得住考验，放几天都不变软。当年北京四九城里，炸焦圈儿最有名的是邬师傅，现在也说不好谁是第一名了。

一般卖豆汁儿的地方，准有焦圈儿。来碟辣咸菜丝儿，两个焦圈儿就一碗豆汁儿。酸甜辣咸，这是生活的滋味儿。

炒肝儿

炒肝儿很有意思，名字叫炒肝儿，其实既不是炒的，也不是用的肝脏。

它是北京当地特有的小吃，清朝末年兴起于前门。

"炒",实则是"煮"。肝儿,原来指的是"沙肝",就是胰脏。后来,变成了用肝脏。

炒肝儿也是用猪的下水做的,可以说是卤煮或者吊子的简易版。因为里面只有两样食材:猪大肠和肝儿。

自打一百多年前,炒肝儿面世,宠爱它的食客,大多是南城人。即便是今天,经营炒肝儿的人,在选址的时候,也会首选南城的场地。

餐饮业本身就是勤行,做炒肝儿,更是辛苦。冬三九夏三伏,起早贪黑,洗肠子。

北京人爱吃炒肝儿,但是店并不多,名店更少。大抵是因为辛苦吧。

卖炒肝儿的店,一般都做包子。小包子,猪肉大葱馅儿,或者素馅。炒肝儿就包子,就是一顿丰盛的早餐。

前门的会仙居,据说是发明炒肝儿的地方,然而会仙居已经没有了,接班的天兴居的炒肝儿继续下来,据说不如沙子口的一家小店。

据老人家说,这家店隐隐有他们记忆里的味道。

炒肝儿

油 条

油条是北京常见的早点品种，一般不单独销售，会配着豆腐脑、粥、煎饼一起经营。

都是油炸面，炸油条就比炸油饼难。

炸好了的油条，中间是空的，外表酥脆，有微微的咸味。

油条的历史可长了，《说岳全传》里，讲了一个故事。说为了给大英雄岳飞鸣不平，有个做早点的小伙子就把面放在油锅里炸，就算是炸害死岳飞的大奸臣秦桧了，还给这个起名字叫"炸秦桧"，后来传着传着，就叫成油炸鬼，也叫馃子。传说到底是传说，不过也说明大家对油条的接受度很高，不分南北方，而且吃了许多许多年。

北京国营的炸油条的师傅，早就把炸油条标准化了。一根油条出锅的时候，必须长六寸，重一两六。

而且，谁炸的油条站不住，软塌塌的，谁就算丢脸了。

油条的吃法也很丰富，想怎么吃就怎么吃。泡豆浆、就豆腐脑、卷煎饼、做肠粉，甚至可以当作食材，剁碎了做馅儿。

油条就是这样一种随和的吃食，老幼皆宜。

半 焦

半焦，也是一种炸货，比油条高级。

说它高级，主要是因为半焦比油条有技术难度，很多人都不会做。

因为很多人都不会做，所以，现在半焦已经在北京消失了。

民国时期，半焦相当于一种标准，哪个小吃铺子里的师傅能炸半焦，那就说明这个铺子的厨艺水平高。连带着，觉得这家的其他东西都好吃。

从半焦的名字来看，应该有点像焦圈儿。老师傅说，半焦就是大焦圈儿的一半，所以叫半焦。

做的时候，得先会炸油条。通俗地讲，就是在油条中间开个缝，炸出来两头尖，中间鼓，就像个枣核的样子。讲究放在筐里能站住，不变形、不发软，什么时候吃，什么时候脆生生，一咬，往下掉渣儿，往桌子上一摔就碎成渣渣。吃的就是这么个干脆劲儿。

要说应该不难吃。同类竞品也不是特别多，相似的也就是有焦圈儿、馓子，半焦的消亡，到底是因为什么呢？

也许是大家都忙，计算成本也越来越精确。这样一道费时费力的小吃，卖贵了，食客觉得吃亏；卖便宜了，店家不划算。

北京饮食种类实在是太丰富了，少了一样，也不会觉得特别明显。但是，这些老味道、老手艺，还是应该在现代，有立锥之地吧。

毕竟，那是这座城市的过去，也是这座城市里的人的生活气息。

油　饼

油饼是北京早点的重要角色。豆浆油饼是一餐，油饼卷烧饼也是一餐，油饼就豆腐脑算豪华早餐。

北京人酷爱油炸的食物，喜欢面在高温下产生的香气和脆脆的口感。

油饼，特别符合大家的需求。

在北京，油饼有两种，一种是白油饼，一种是糖油饼。白油饼常见，糖油饼少见。白油饼便宜，糖油饼贵。

凭粮票购食品的时候，一张白油饼六分钱，一两粮票。一张糖油饼八分钱，一两粮票。贵的二分钱，就是糖钱。

不过，也有厨师不同意这个说法。他认为，贵的二分钱，是手艺钱。

老北京那时候的油饼，全部都是大油饼。卖油饼的时候，用刀切，切好了以后，一撒一撒地卖，大概一撒能有一两重。当年电视剧《四世同堂》里，对这个场景还有所展示。

现在不论是白油饼还是糖油饼，早就标准化了。每个油饼大小是四六寸的方形，下锅前中间切俩竖道。只要你在国营店买，保证你吃的油饼，全北京都一样大小。

糖油饼比白油饼麻烦，得揉糖面。糖面就是揉好的白油饼的面，按照一定比例加白糖，再兑上干面和一点点油。揉均匀了以后，压在做好的油饼坯子上。

假如您吃到的糖油饼，从上往下看，看不出分层，说明，您遇到了规矩的手艺人了。

过去，北京炸油饼的地儿不少，现在不多了。近几年，比较有名的，是美术馆附近的老字号增盛魁、陶然亭黑窑厂的油饼店，这两家稍微去晚一点能排一个小时的队。甚至，网络上还专门有帮忙代购的。有些经营老北京菜的饭馆，早上也卖油饼，他们不一定按照老标准做，比较随心所欲，想怎么做就怎么做，但是好歹是油饼。即使这样，能吃到油饼的地方，也真的是越来越少。

煎　饼

煎饼，其实不是北京土生土长的饮食品种。从空间上看，往近了说，它从天津来；往远了说，山东才是它的老家。

沿着时间线，逆流而上，在一份明万历年间的"分家契约"里，非常明确地出现了煎饼的字样："鏊子一盘，煎饼二十三斤"。这个"鏊子"，就是一种摊煎饼用的炊具，铁质，圆形，一般直径65厘米，中心微凸，下面有三个脚。在三个脚中间生柴火加热，上面摊煎饼。有些地方现在依旧在使用。通过这份"分家契约",可以确认,最迟在明万历年间,现代煎饼的制作方法就已经存在了。《康熙字典》还有"鏊"字字条,唐人《朝野佥载》中有"熟鏊上猢狲"语,可知煎饼的历史之悠久。

更久远的事情,我们暂且不做考证,不过,有一个著名的人物倒是跟煎饼切实有关。

这个人叫蒲松龄。

蒲松龄先生就是山东淄博人,他写过一篇《煎饼赋》。里面详细记载了清朝煎饼的做法和吃法。还说了吃煎饼以后的感受:"味松酥而爽口,香四散而远飘。"

在北京的山东人可真是不少,他们把山东煎饼带进了北京。

山东的煎饼花样百出,北京的煎饼款式,自然也是丰富多彩。可以用绿豆粉,可以用玉米面,还可以用杂粮面掺和着,甚至可以用小米粉、红薯粉、柿子粉、红枣粉……没有什么能阻挡人们对煎饼的研发。

不仅面粉变化多端,里面卷的菜,也是随心所欲。尖椒、土豆丝、鸡蛋、大葱、豆腐丝、酱牛肉、金枪鱼、榴梿,只要是固体,都可以卷进大饼里来。这还有个说法:"煎饼,卷一切。"

这种煎饼,做好以后,凉凉、干透,可以放半年,都不会坏掉。

"80后"的这一代人,对煎饼的印象,大多来自北京街头早点摊儿上的煎饼。这里,往往要表述成"煎饼馃子"。

和蒲松龄先生当年吃的煎饼不一样的是,这种从天津传进北京来的煎饼,是现吃现做的。又烫又软的饼里,抹上酱、搁上鸡蛋和馃子,撒上葱花,按照一定的方向,叠好。装进一个小口袋,热气腾腾,烫手烫嘴热心。

在这座城市里，也许煎饼馃子，是每天奔波的人的第一场温暖，就像每天清晨的第一缕阳光。

这个馃子，就是油条。颜色枣红，一尺来长。还有中间放薄脆的。薄脆在天津，被称为果箅。一张合格的薄脆，颜色金黄，酥香干脆，久放不软，与柔软的煎饼相辅相成。

煎饼中间放什么，没有标准答案，自己喜欢就好。

除了大街上常见的煎饼摊，北京国贸饭店也卖煎饼，金枪鱼煎饼、龙虾煎饼、酱肉煎饼、素煎饼、传统煎饼，一早上能卖700多套。许多国际友人，在这里，知道了世上有一种奇妙的美味，叫作"北京煎饼"。

在北京国贸饭店的后厨里，有一口纯铁的鏊子。这是咱们新中国第一届科班出身的西餐女大厨高宁，从山东博山的一个小山村里背回来的。

这口鏊子的主人，是离北京五百多公里外，鲁中山区里的一位老奶奶。她快一百岁了。鏊子，是老奶奶的嫁妆。虽然鏊子只能用柴火，早就不适用现代的厨房设备，国贸饭店里做的煎饼也是天津一派的样式，但是它的存在，时刻提醒着每天做煎饼的厨师：包容，一切皆有可能。

烧 饼

烧饼得说是中华面食的代表之一。而且是特别著名的代表。南北方的烧饼品种，那是历史悠久，百花齐放，少说也得有一百多种。黄桥烧饼、吊炉烧饼、马蹄烧饼、油渣烧饼、肉末烧饼、周村烧饼……单拿出哪一种，都能代表当地美食。

不过，在北京，一说烧饼，一般就是指的"老北京烧饼"。一般吃涮锅子的时候，当主食吃，也可以夹上酱牛肉，当早点。吃法自由，但是要求很高。

虽说就是一个饼，但是北京的手艺人，一点都不将就。

一个老北京烧饼，二两面，切开，十八层是基础，老手艺人能做出三十多层。每一层都有芝麻酱。

为什么要追求层数？

这不是为了看，而是为了吃。每一层里，都有热腾腾的空气，都有香喷喷的芝麻酱。层数越多，口感越好。

一个真正的高手，不仅要外行认可，同行也得服气。

新中国成立前，北京城里有位王福玉先生，烙烧饼是一等一的高手。得了一个外号"一刀准"。

这说的是王老爷子和面做烧饼，水和面把握得精准，一刀切下去，正好能做十个烧饼。

当然，切得准，并不是做出好烧饼的必要条件，那只是个表象。还得会和面、会摔山子。

20世纪80年代的隆福寺小吃店里，有个小伙子，一天能做两千个烧饼，每个烧饼切开，都像一本书一样，层层分明，暄软香甜。

这小伙子叫冯怀申，是"一刀准"王老爷子的徒弟。也得了一个外号叫"快手冯"。

"快手冯"今年也六十多岁了，是国家认证的"非物质文化遗产传承人"，也有了自己的徒弟。

他说："得把这门手艺，传下去。"

面　茶

面茶是北京人的下午茶，回民的拿手小吃。关于它的起源，似乎没人说得清楚。

面茶其实不是茶，不用茶叶。面茶更像粥，头一次见到的人，从外形到味道，觉不出它跟茶有什么关系。

北京的许多传统小吃，有很多是不能在家做出来的，但面茶可以。

把黍子面或小米面煮成糊状，在表面一丝丝一圈圈地浇上芝麻酱，有点像今天的咖啡拉花。再撒上一层芝麻，最后，根据个人口味放入椒盐儿。那个香啊，钻鼻子，甚至称得上是最受老北京人喜欢的小吃名号。

之所以说面茶是最受老北京人欢迎的小吃，也许很大程度上跟芝麻酱有关。

北京人对芝麻酱的狂热是没有道理可讲的。百搭又解馋，但凡跟它沾上边儿的食物，基本也都备受喜爱。

再有就是面茶非常"扛时候儿"。过去体力劳动多，吃上一碗面茶，几个小时不饿，还经济实惠，在那个物资匮乏的年代，它绝对是个最佳选择。

面茶的吃法，也非常有北京特色。是老北京"吸溜"系列美食里的一员。

不用筷子不用勺儿，手托着碗，不能着急，沿着碗边儿慢慢吸溜着吃。每一口热面茶，都裹着一股凉空气。这样吃想来一是可以免去餐具，二来可以避免被烫着，冬天吃还暖手。炒肝儿、豆汁儿的吃法都类似这种。不过，现如今似乎很少见到有人这样吃了，毕竟姿势略显夸张，而且会发出一定的声音，难免让人觉得尴尬。

面茶过去是早点，北京现在能吃到面茶的地方不多，有些卖豆汁儿、烧饼的老北京小吃店，能买着。专门卖面茶的店，少之又少。

关于面茶，现在略显尴尬。年轻人不了解，讲究的人觉得营养摄入不均衡，老人想吃，不好找。面茶，这个北京独特的小吃，渐渐走向消亡的边缘。

面茶

其实，吃喝除了满足生存需要，可能更是一种生活方式。端起这碗面茶，吃到嘴里的，是粮食、芝麻酱和椒盐的复合香气；到达胃里的，是能量；传到心里的，是北京人祖辈的生活态度：和气、知足。

豆腐脑

豆腐脑是北京传统的早点品种。它的历史应该是和豆腐一样久远。

在出土的东汉墓的壁画上，看到当时的人们磨豆腐的场景。文物会说话，这比什么都准确地告诉后人：在东汉以前，中国人就会做豆腐了。

做豆腐的灵魂是"点豆腐"，液体的豆浆怎么就变成了固体的豆腐？有用卤水点的，有用石膏点的，还有用酸浆点的。研究这个，直接跟咱们吃的豆腐脑有关系。因为点豆腐的时候，时候老了，就是豆腐；恰到好处，就是鲜嫩的豆腐脑。

喜欢微微有点豆香气的、口感稍硬的，就吃卤水点的豆腐脑；喜欢软嫩的，就选石膏点的豆腐脑；喜欢清甜味道的，就来酸浆点的豆腐脑。

在同一座城市里，往往点豆腐的方法是一样的。但是在北京，却比较例外。

北京延庆的永宁古城，用酸浆点豆腐，历史有一千多年。然而其他地方，则不用酸浆。

北京就是这样神奇，包容万象，何况豆腐脑。

一方水土养一方人，豆腐必须用当地的水来做。所以有一种说法：新来到一个地方，第一口要吃豆腐，这样就算跟自己的肠胃打了招呼了，可以适应当地的水土，预防水土不服。

所以，到了一个新的地方，可以先尝尝当地的豆腐脑。

豆腐脑一般在早上出售，到点儿卖完，想吃就得等明天。不是豆腐脑金贵，是卤金贵。

一碗让人欲罢不能的豆腐脑，要靠卤料的渲染。北京地界儿常用来打卤的食材是鲜羊肉片、口蘑、黄花、木耳、香菇、花椒等，花椒要用门头沟的"大红袍"。打卤的火候要掌握好，才能保持卤的咸鲜。

芡汁是豆腐脑卤的魂魄。卖豆腐脑的店里，一般放着两个大桶。一桶是豆腐脑，一桶是卤。假如正好站在卤的边上，就会马上觉得很饿。打豆腐脑的时候，会笑着跟师傅说："多给点卤。"

有的师傅会说"得嘞"，有的师傅会说"搁多了咸"。后边排队的人，会打趣地说"回头您再变夜猫虎飞喽"。

吃豆腐脑的桌子上，还会有一小盒炸辣椒油，有喜欢辣的，可以自己调味。

豆腐脑店一般都卖油条、油饼、包子，配在一起吃，就

豆腐脑

是一顿超级豪华的早点。

吃豆腐脑也颇有讲究,在碗里不能搅和,一搅和豆腐就潲了,口感不好。要用一种金属的扁勺扠着吃。

过去北京城卖豆腐脑最出名的有两家:南白、北马。

南白是前门外门框胡同的豆腐脑白,北马是鼓楼豆腐脑马。后来找不着这两家了,大家都奔南来顺、紫光园和老门框了。

这仨,都在北京南城。

羊霜汤

羊霜汤是北京小吃,但是在北京几乎绝迹了。即便是有寥寥几家饭馆供应,食客也总觉得跟过去味道不一样。

不光是做羊霜汤的人少了,吃的人也不多了。可能跟现代人讲究健康饮食有些关系。

羊霜肠最红火的时候,也是天桥最红火的时候。那个时候,东来顺还叫羊肉床子,大概是清末民初年间吧。

做羊霜汤挺麻烦的。剔洗干净羊肠子以后,往里面灌羊血。然后下开水锅里煮。液体的羊血渐渐会凝结成固体充满肠衣内部。从外面看,羊肠呈现灰白色,就像挂了一层霜。所以得名羊霜肠。

这个小吃,就在街边卖,不登大雅之堂,但却有这么一个雅致的名字。

吃的时候，羊霜肠捞出来切成段儿，搁碗里，然后浇上烫烫的羊汤，撒上芝麻酱、红辣椒油、蒜末、香菜，红绿相间，煞是好看。

扎堆儿卖羊霜汤的地方是天桥，到了秋冬季节，小贩们儿摆开阵势，锅里煮着羊霜肠，咕嘟咕嘟冒着热气，再吆喝一声："羊肚儿哎，开锅！"

不知怎么的，天桥的羊霜汤，就是比庙会的好吃。过去人们还纠结，到底去哪儿吃，现在好了，不用纠结了。

爆肚儿

爆肚儿

爆肚儿，是不折不扣的，北京独有的地方小吃。

过去没有现在这样发达的冷链物流，一般来说，最新鲜的牛羊肉，都在张家口以北，内蒙古的大草原上。吃法，也理应在那里，有更多花样。然而，在那一片水清草美遍地花的地方，并没有爆肚儿的吃法。

爆，是一种烹饪手法，据说宋代就有。利用旺火热油或者沸水，迅速将食材断生。这对于火、锅、手法，都有极高的要求。

羊肚儿、牛肚儿，都是非常鲜嫩的食材，非常适合爆的烹饪手法。在繁华的京城，出现爆肚儿的做法，也是一种天意吧。

据说，自打清乾隆年间，就有了爆肚儿的买卖。

爆肚儿，有三种做法：水爆、油爆和芫爆。芫指芫荽，即香菜。过去，爆肚儿是个时令菜，只有秋冬季节，北京城里有牛羊的时候，爆肚儿摊儿才开张。现在，一年四季都有好食材了，但是爆肚儿的做法，只剩下水爆还比较容易吃得着。

北京的许多京味儿菜馆，都做爆肚儿。但是大多数人的习惯是，馋爆肚儿了，一定要去自己认定的那家。比如"爆肚冯"、"爆肚张"、金生隆、老门框，这几家都是百年来专门做爆肚儿的，想点个炒菜米饭几乎没有。专业的人做专业的事儿，这个"没毛病"。

肚仁儿

所以，在以爆肚儿为招牌的店里，能吃到现调的小料，更有爆肚儿的大席面："爆肚儿十三吃"。

所谓"爆肚儿十三吃"，就是关于"肚儿"的十三处来源。

肚儿指的是羊肚儿，称散丹，牛的叫

爆肚儿店厨师工作照

百叶。都是胃的别称。

其中，羊肚儿有九个部位，爆熟以后，软硬度不同，口感上差异很大。

食信就是食管，这个爆熟了比较硬，微微有些甜，脆脆的。

肚板儿是第一个胃。学名叫瘤胃。这个也硬，但是面积大，比较便宜。

肚芯儿是肚板儿的里子，比肚板儿嫩，产量大，解馋最常点的就是它。

散丹，就是老百姓说的羊百叶，学名重瓣胃，口感脆嫩。

还有葫芦，学名是网胃。它有一层蜂窝状的内壁，这一块剥出来，也比较硬。

肚领儿是第一个胃两片的结合处，很厚实，既有嚼劲儿，又不老，鲜嫩可口，产量又少，所以肚领儿是比较金贵的。

比肚领儿还更加物以稀为贵的部位，是肚仁儿和蘑菇头。

肚仁儿是肚领儿去皮，肚领儿本来就很少，再去掉皮，那简直就是少之又少。是爆肚儿中最嫩的食材，四五头羊才能凑出一小盘。

蘑菇头就是蘑菇的头儿。蘑菇的学名叫皱胃，单吃这块，也是硬硬的，但是这个胃连着肠道的部分，口感极好，这块就是蘑菇头，量小而精。

虽说爆肚儿是"穷人乐"，但是，肚领儿、肚仁儿和蘑菇头，都是有钱人吃的，搁现在也是价高不下，一般老吃主儿，不差钱儿的，才舍得点。

大家最常吃的，还是肚板儿、肚芯儿、葫芦和散丹。虽然不及肚领儿、肚仁儿和蘑菇头嫩，但是也非常有嚼头，下酒美滋滋的。

还有四种，是牛的胃分离出来的，百叶、百叶尖、厚头、肚仁儿。

吃爆肚儿，讲究整咽，要的就是这个囫囵劲儿。甭管吃的哪块儿，吃的都是那股子鲜、脆、嫩、爽口的感觉。

这感觉，最适合喝两口小酒。除了喝酒没够的酒腻子，大多数食客都非常明白过犹不及的道理。所以，个别爆肚儿店里，都有个酒柜，专门给客人存酒用。酒八成都不是什么昂贵的酒，二锅头常见，但是上面挂着"李二哥""周大爷""孙三哥"的小字条，相当有意思。客人来了，自己拿，也从没出现过拿错的情况。

不论是和亲朋好友小酒相聚，还是专门奔爆肚儿来解馋，爆肚儿都得趁热吃，凉了也没法热。一般都是吃一盘爆一盘。吃时，特别讲究的还有顺序，从最硬的葫芦吃起，一盘一换，一直吃到最嫩的肚仁儿。要是遇到这样的食客，后厨爆肚儿的厨师都得打起十二分精神来，心里知道，这是行家到了。

蘸料也是极有说法的。有实力的店，能自己生产就自己生产，比如芝麻酱，必须是湖北孝感的芝麻或者吉林的芝麻，自己有生产线，自己磨，辣椒油随客人点，现给炸，端上来烫手，再加上酱油、腐乳、香菜提味。

电视剧《大宅门》里头白七爷吃爆肚儿的桥段，看馋了多少人。白七爷吃的盘子摞起了高楼，虽然电视剧是艺术创作，但是艺术来源于生活。南城有家爆肚儿店，装修的时候老主顾还来光顾。赶上下雨，客人们打着伞吃爆肚儿。可见，北京人对爆肚儿是真爱。

卤　煮

卤煮又叫卤煮火烧，汤浓味厚，是北京极具特色的代表小吃之一。

卤煮的食材很简单，就是猪肠，猪肺，豆腐泡，加上火烧。但是调料却很复杂。盐、黄酒、醋、八角、肉桂皮、花椒、姜、香叶、老抽、冰糖……拉拉杂杂十好几种。

要说肉贵，下水便宜，所以诞生了卤煮，有点不太合理，这些调料可是价格不菲呢。所以，有一种说法是：卤煮由苏造肉演化而来。

苏造肉，是明确记载的宫廷菜。原料是五花肉，调料也是丰富复杂。是当年乾隆下江南的时候，从苏州带回宫的一位厨师改良而成的。这位厨师叫张东官。

后来，苏造肉的配方流传到民间，老百姓又做了创新，用猪肠、猪肺代替五花肉，换料不换汤，再煮上火烧，这就是今天北京的著名小吃卤煮火烧了。

据说清朝末年，在东华门外，专门有给官员卖卤煮火烧的。官员们当早点吃。即便是真有此事，那也得是官员下朝回家路上吃，不然这一嘴的卤煮味儿，还不得把皇上熏个好歹的？

北京卖卤煮的名店可不少，小肠陈、门框卤煮、北新桥卤煮、八条一号，这些都是响当当的卤煮店。虽然都是卖卤煮火烧，但是行家能吃出来，各家还是有微妙的不同。

有的肠油去得一点不剩，有的还留一点；有的有五花肉，有的没有；有的豆腐炸得轻，有豆腥味儿，有的炸得老；有

卤煮

的火烧自己烙,有的买现成的……总之,每个环节,都各有各的一定之规。喜欢哪家,完全靠个人爱好。

卖卤煮的商家有一个特点,都会在门口支一个灶,巨大的锅里,炖着各种材料,让客人远远就能闻到卤煮飘来的香气。

卤煮火烧里面的火烧是死面火烧,面粉的结构紧凑,面团儿结实,韧性强,拉力大,汤水不容易完全浸入。煮不烂,越煮越进味儿。

看师傅做卤煮火烧也是一种享受。师傅接过食客手中的小票,从大锅中拿起两个火烧放在案板之上,横竖用刀,把一个火烧分成9份,放在碗里,这就叫"底儿"。然后锅中捞起肺头和炸豆腐、肥肠,这个时候,食客可以根据自己的喜好提要求,喜欢吃哪个,让师傅多来点,不爱吃的,可以不放。都点好了,师傅再把这些食材剁成碎块。最后用刀抄起来,放到碗里。淋上热乎乎的老汤,配一点醋蒜,整个过程流畅至极,看着就是一种享受。

包 子

2018年的夏天,北京西四一个超市里的美食档口排着长长的队伍。柜台的玻璃上贴着两张字条,一张上面写着一人限购半斤。另一张上面写着营业时间:上午九点半,下午四点半。

这家包子铺,就这么任性,每天也就工作四个小时多点。因为,售完为止。

买到的人,欢天喜地;没有买到的人,遗憾不已,只能明天请早。

按说,这里是北京,历史悠久的包子铺,有名的包子店,很是有不少。为什么这里还如此热闹呢?

这就是北京人对包子的爱了。

包子不是北京独有的吃食。大江南北,白山黑水,有人

包子

的地方，就有包子。

东北的大包子，个儿大，馅儿足，酸菜馅的包子，一般人一个就饱了。山东的大包子，里面包海鲜，包排骨。一直到长江以北，包子都长得豪迈大方。北京的包子个儿头虽然比较紧凑，但是馅儿足实，还是北方的个性。天津的狗不理包子有些例外，更像南方的汤包，长得秀气，汁水丰富。

长江以南的包子以灌汤包最为经典。用料复杂考究，吃灌汤包子，有个口诀："轻轻提，慢慢移，先开窗，后喝汤，一扫光，满口香"。

这里的人们吃包子，往往不是因为饿，而是为了消遣时间。吃包子，更像是一种生活方式。早上皮包水，晚上水包皮。早上吃完汤包，到中午都不饿，下午睡个觉，晚上去泡澡。悠闲自在。

从技术上讲，南北方包子在面皮的醒发、馅料的处理上来说，都有两种：烫面和发面。烫面包子皮薄馅香，发面包子皮厚馅重。

馅料也都有水打馅与油打馅之分。

不过，南方包子在馅料的选择、搭配上，大大丰富于北方。这是长期以来，地域物产丰富度决定的。

北京的包子，馅儿虽然简单，但是实在，而且也讲究技巧。比如用葱。

这包子馅儿里的葱，不能搅拌在馅儿里，而是在包的时候，放在馅儿上。这样，蒸出来的包子，只有葱香气，而不会有臭葱味儿。

一口咬下去，心满意足。

北方的包子可以用手拿着吃，而南方的汤包就没办法拿。因为里面有一泡很烫的油水，而且皮也很薄，只能用筷子。现在还有人用吸管，先把汤汁儿吸干净，再吃包子。

包子的历史很长，长到现在还不能确认包子初次面世的时间到底是什么时候。但是宋代大诗人陆游有首诗里说："昏昏雾雨暗衡茅，儿女随宜治酒肴。便觉此身如在蜀，一盘笼饼是豌巢。"怕人看不懂，还专门自己做了注解："蜀中杂麨肉做巢馒头，佳甚。唐人正谓馒头为笼饼。"[1]

这就是说当时，陆游就吃过四川用猪肉做馅儿的包子了，不仅吃过，还觉得很好吃，十分想念。

不同地域的食材，性格各异，温热寒凉；味道多样，酸甜苦辣。这些食材能相辅相成，既保持个性，又相互扶持，这种境界，也就是在这一张面皮之内了。

这，就是"包子"的魅力。

铜锅涮肉

对于北京人来说，铜锅涮肉算是本土吃食里的大菜了。和烤鸭、烤肉一样，原来也是只有秋冬季节有。

大概的时间段是每年的十一月、十二月，来年的一月和二月。谁让只有秋冬季节，北京城里才有羊呢。

按照现在健康饮食的标准来看，铜锅涮肉是真正的健康食品。原汁原味用水煮，保持了食材的本来营养成分，又减少了油炸的潜在危险。

这对于超级迷恋油炸口感的北京人来说，真是太不容易了。

因为北京人喜欢吃铜锅涮肉，催生了一个新行业：给铜锅涮锡。

涮肉铜锅　　　　　　　涮肉小料

涮肉　　　　　　　　　涮肉景泰蓝锅

过去北京天坛北门路北，有个崇文区铜制品加工厂。每年到了春天，大概三月份，他们的工作人员就会去东来顺、西来顺、同和轩、两益轩等这些经营涮羊肉的馆子收铜锅。这些铜锅子经过这一年秋冬两季的使用，需要修整一下。最重要的是给铜锅内壁镀锡。把火锅清理完以后，把锡往锅里一涮，再倒出来，火锅内壁就变成白的了，跟新的一样。北京人爱吃涮羊肉，以至风靡到有北京人生活的南方城市。比如上海、杭州、广州。

北上广的生活方式，引领着中国的年轻一代。于是，同烤鸭、豆汁儿一样，来北京，总得安排上一顿铜锅涮肉，才算到位。

北京的铜锅涮肉有几点标准。

第一，锅底汤一定是清汤。只放葱，姜。有的馆子还放金钩海米。讲究端上来的时候汤是清的，吃完汤还得是清的。

第二，现炸辣椒油。

第三，先涮肉，最后放菜。

第四，自己调蘸料。芝麻酱、韭菜花、豆腐乳、香菜、虾油，根据自己的口味，自己动手。讲究的馆子，连芝麻酱和韭菜花，都是自己做的。尤其是韭菜花，得用海拉尔的野韭菜花，加北京的烂酸梨自己发酵。

前些年，铜锅涮肉馆子都讲究炭火，所以每家店，都专门有人负责生火、烧炭。现在为了保护环境，都用清洁能源了，大部分的铜锅都能用电加热。刚开始变的时候，人们总觉得差点香气，现在大家都适应了，渐渐忘记了原来的样子。

不过，这种北京特有的吃法，也算是保留了下来。一年四季，家庭聚会，朋友聊天，首选就是铜锅涮肉。而且，各认各的店，都觉得自己常吃的最好吃。

其实只要羊肉好，味道都不错。毕竟也不需要什么厨艺。

铜锅涮肉，就是这样简单平凡，包容而温暖。

羊头肉

这道菜,全名应该是"白水羊头"。

有个外国的名酒,叫"人头马"。刚刚改革开放的时候,谁家里摆这么一瓶酒,那不用喝,就显着那么高级、懂吃懂喝。

但也有老北京不这么认为,他们觉得,能吃上"羊头马",才是真的厉害。

"羊头马",是什么呢?在民国时期,羊头马,是个人,是个手艺人。

后来,"羊头马",是个招牌,代表着北京四九城里,做白水羊头的最高水准。

白水羊头,是北京清真小吃。说是小吃,其实可不小,食材不便宜,做起来也非常费劲。处理羊头,那可真得扎扎实实跟着师傅学上几年。怎么清理、从哪儿下刀、如何入味儿、用什么手法拆羊头、怎么片肉片,不是嫡亲的血缘关系,师傅都不传授。

所以,白水羊头的做法,一直是前门外廊房二条马家的

老北京羊头肉

不传之秘。传子不传女，到了现在，已经是第六代了。羊头马做的羊头肉，每一片都能看报纸（透明），就那么清香透亮干干净净。当然，也好吃。

白水羊头，过去就是秋冬季节特有的美味。

"冬夜，听得深巷卖羊头肉小贩的吆喝声，立即从被窝里爬出来，把小贩唤进门洞，我坐在懒凳上看着他于暗淡的油灯照明之下，抽出一把雪亮的薄刀，横着刀刃片羊脸子，片得飞薄，然后取出一只蒙着纱布的羊角，撒上一些椒盐。我托着一盘羊头肉，重复钻进被窝，在枕上一片一片的羊头肉放进嘴里，不知不觉地进入了睡乡，十分满足得解了馋瘾……"[1]

羊头肉在相当长一段时间里，是北京小商小贩们挑着挑子走街串巷中贩卖的吃食。虽然水平参差不齐，但是卖的人挺多，比较容易吃到。现在，条件好了，反而少见了。

水煎包

水煎包是河南菜，据说已有500多年历史，什么时候进入的北京无据可考。不过北京现在卖水煎包的，大多是河南

水煎包

[1] 梁实秋：《雅舍全集》，江苏人民出版社2014年版。

馆子。

水煎，是一种烹饪方法。一般用于馅儿活的加热。

馅儿活是指带馅儿的面食，包子、饺子、馅饼之类的。面皮很薄，馅儿料足实。如果只用油来煎，皮会很硬，而馅儿不一定熟。所以，煎的时候倒一些水，盖上锅盖，小火慢慢把水煎干。这时，皮焦脆，馅儿鲜嫩，恰到好处。

水煎包跟北京的锅贴或者褡裢火烧有点像。非说有什么区别的话，除了外形，那就是水煎包里的馅儿，有可能是带粉丝的。

褡裢火烧

褡裢火烧的历史并不算长，百十来年。但是普及得很好，街头巷尾，很容易吃到。

其实，这就是一种带馅儿的、小长条煎饼，说它是馅饼也没错。

说起来，老北京人对吃，真是深耕研究。都是面和馅儿，就能罗列出十几样名头。饺子、包子、锅贴、馄饨、炸回头、蛤蟆吐蜜、门钉肉饼……这褡裢火烧，也是有馅儿一族。

要说特点，就是长得奇怪。像行商驼队骆驼两侧挂的褡裢，也就是布口袋，所以，就叫褡裢火烧。

据说褡裢火烧是一对顺义的夫妇发明的。他们开的褡裢火烧铺叫作瑞明楼，地址在现在的东安市场附近。两口子卖褡裢火烧出了名，其他馅儿活店，也学习了做。

褡裢火烧的饼皮比较讲究，一定要用50℃以下的温水和面。面要醒得绵软，擀皮儿的时候，要掌握度。既要够薄，又不能破了露馅儿。这种程度，才能煎得酥脆。和馅要水打上劲，让馅料能够更好地吸收汤汁，使得褡裢火烧的口感更加软嫩。最重要的是——煎。把褡裢火烧依次紧挨着放在锅里，中火煎烤。需要上下翻着煎，两面接触锅底，左右两边与其他火烧贴近的两面靠近彼此加热取熟,并不直接接触锅底。

煎得了的褡裢火烧,一排排地躺在盘子上,火烧酥脆金黄、个个相连,香气扑鼻。

褡裢火烧讲究的是现吃现烙,趁着起锅的热乎气,咬上一口,外酥里嫩,满嘴流油。吃完了再配上一碗热气腾腾的小米粥,就着六必居的小咸菜,尽显美味。

美好的生活,其实并不复杂。

贴饼子

说起贴饼子,大概已经没人说得清它的起源,过去物资匮乏的年代,大米白面没那么富余,北方大部分地区的餐桌上,都有贴饼子这道主食。当然,现在,这算是一道相对金贵的吃食了。尤其是粗粮制

褡裢火烧

贴饼子

作，非常适合老人的餐食营养配比。

贴饼子是神奇的饼子。困难时期，它是好东西，现在大家都富裕了，它依旧是好东西。

老舍先生写的四幕六场话剧《神拳》里，嫁女儿的高大嫂招待来贺喜的亲朋好友，用的就是"一只谁也没法儿炖烂了的老公鸡，跟贴饼子"。

生活在物质极为丰富的今天，对于老年人，它是怀念；对于年轻人，它是美味。现在许多城里的京味儿饭店里，都能点到贴饼子。市场规律下，这说明贴饼子是好的。

贴饼子年代久远，但是却没有百年老店，也没听说过有传承人。因为它本身就是诞生在民间老百姓的厨房里，不需要高深的技巧，制作简单。棒子面儿适量对碱，温水和面，面软偏稀，大柴锅或者饼铛烧热，用手把和好的面团团儿，往锅里一拍，抽回手时再顺势一抹，饼子上留下一排手指印，最后盖盖儿焖熟就齐活。

由于往锅里拍饼的时候会发出啪叽一声，所以在有些地区贴饼子又叫"啪叽"。有的地方还会把菜混入棒子面儿或加入各种馅儿，做成菜饼子，天津更有"贴饼子熬小鱼儿"这一名吃，可以说是贴饼子的最豪华吃法。许多北京的农家乐里，这道"贴饼子熬小鱼"，几乎就是检测饭菜地道不地道的必答题。

但是，说贴饼子有名，重要的宴会上，又没有它。跟贴饼子更相配的，估计是大蒲扇。它是完全属于市井的，属于平凡的生活的。

过去，不少人家都在家做贴饼子。以至出现了许多关于贴饼子的歇后语。

凉锅贴饼子——出溜到底。

茶壶里贴饼子——下不去手。

这是纯粹的技术流。

做贴饼子，这锅要是不烧热了，面饼跟锅壁粘不住。那真就是一松手就往下掉。而且是无声无息地、软绵绵地一掉到底。茶壶口那么小，可不是手下不去嘛。

北京人的幽默，体现在对生活的宽容和乐观。北京人也特别容易适应新的生活。从平房到楼房，从蜂窝煤炉子到天然气，生活方式的改变，引起了饮食习惯的改变。现在在家做的人可不多了。也许是各种不粘锅的普及，让贴饼子失去了根基。不过，大家还没忘记贴饼子，如果知道哪个超市或者面食档口，有贴饼子卖，那常常是排队的。

买现成的贴饼子，肯定比在自己家里做贵，但是大家愿意花这个钱。不仅为了那口香甜，更是对往日的纪念。

门钉肉饼

北京人好吃，于是变着法子吃。尤其爱吃馅儿，所以，北京有许多极为相似，但又分别自立门户的馅儿活。比如门钉肉饼。

说门钉肉饼是北京独有的，一点都不夸张，看名字就知道了。哪座城市里的门钉最多？那得是北京。

门钉肉饼

别的不说，光紫禁城里大大小小的门上有多少个门钉，数是数不过来的，得靠数学方法计算。

门钉代表着等级。要说大小、材质，那也肯定数北京紫禁城里的门钉是全中国现存的最高等级。

北京的门钉肉饼，大小颜色，就是按照紫禁城里的门钉做的。

门钉肉饼也是清真小吃，薄皮大馅，肉馅一定要用牛肉馅制作。做得好的厨师，能让肉饼馅儿里带着丰富的汁水，像南方的灌汤包子一样。

包好后的门钉肉饼放在铛上，慢慢煎烤，利用油的温度，让面皮脱水，变熟的过程中，同时要变得脆。巧妙的是，在煎的过程中，师傅还要往铛上加水。水遇到热锅，马上腾起水蒸气，与馅料里面的汁水一起合作，把馅料蒸透。这样的操作方法，既可以保持外层饼皮的酥脆，又可以保证里面馅料的嫩软口感。

吃门钉肉饼，需要一定的技巧。首先得明白，心急吃不了门钉肉饼。得先在侧面开一个小口，放一放热气和汤汁，然后再吃。不然，衣服八成要跟着吃挂落儿。

炖吊子

比起豆汁儿、面茶，炖吊子算是北京小吃里的"横菜"了。

关于这个"吊"字，有人考证，应该是一种古老的炊具，写作"铫"。意思是可以吊在空中，底下加火烧煮的一种炊具。

这种炊具出现的时间很长很长，但是不知道什么时候写成了"吊"。倘若今天写成"炖铫子"，大伙儿反倒不明所以了。

当然，这些都不影响炖吊子成为老北京人饮食名录上的名角。尤其是南城的人，平时吃炒肝儿、卤煮还觉得不过瘾，隔三岔五，得来一顿炖吊子，才能解馋。

炖吊子

其实，过去，炖吊子应该说是老北京穷人的一种小食，这类吃食的特点都是以下水为主，因为没有什么正经的肉，所以价格便宜，被称作"穷人乐"。

一般爱吃炖吊子的，大老爷们儿多一些。三三两两地约着一块儿往小吃店一坐，买上二两散白酒，叫上一盘凉拌萝卜皮，点份炖吊子，一边喝一边吃，一边聊着国际大事儿。一年四季，就好这一口儿。

炖吊子里头，有猪肠、猪肺、猪心、猪肚，制作技法上，最难的是收拾。开饭馆是勤行，尤其是以下水为食材的店，更是辛苦。夏天还好，三九寒冬，也得在凉水下仔仔细细地洗这些内脏。收拾干净了，且炖呢。

炖吊子没有什么名店、老店，一般都是附近居民吃个熟脸儿。现在城市大了，二十里赶嘴的人越来越多。正是这样的小店和热爱吃的人们，让城市有了人气儿，有了生活，有了味道。

羊肉泡馍

羊肉泡馍登陆北京的时间并不长，但是却很有名。

1954年10月，北京新街口开了一家饭店，叫"西安饭庄"。

为什么会在北京开一家陕西风味儿的饭馆呢？这就是北京饮食的特色之一——"各地名吃汇集"。

作为一国之都，城市里生活着来自各个地方的人。其中，许多人，从陕西延安来，要么是陕西人、要么是在陕西扎根多年算半个陕西人，没有羊肉泡馍，可能不太好办。

坊间传说，新中国成立后，在习仲勋、汪锋等人的提议支持下，西安从老孙家、同盛祥、厚德祥等7家老字号中抽调20多名技术人员，前往北京，在新街口开办了经营清真口味的西安食堂，把西安的牛羊肉泡馍搬到了首都。

1956年10月，有一天，毛主席突然出现在新街口的这家"西安饭庄"。和随行人员一起吃了顿羊肉泡馍。这一顿，大家吃了11块5毛8分钱。买单的时候，大家凑了半天钱，没够。还是第二天有人给送来的。

后来，牛羊肉泡馍还作为国宴，招待过不少国家的领导人。

那么，一碗诱人的羊肉泡馍，是怎么做出来的呢？

首先，来认识一下"馍"。这个"馍"又叫饦饦馍，由阿拉伯语"食品"的念法"图尔木"演变而来。现如今有些西安的穆斯林朋友说"馍"时，读为"mu"。

这种馍准确地说其实是烤出来的，讲究金刚圈、虎皮背、菊花心。入汤甜绵，旺火煮而不散，块与块之间互不粘连。

要达到这个效果，得从和面开始，做好一切准备。

首先，这不是个发面饼，俗话叫"死面饼"。"死面饼"里没有酵母菌，面团里面，不会产生气泡，面粉的结构紧凑，面团儿结实，韧性强，拉力大，汤水不容易完全浸入，所以能够完美出演羊肉泡馍的主角。

其次，要掌握好和面的水的温度。做这种馍要用 70℃ 以上的水和面，面粉中的蛋白质遇热凝固，并分解水分，面筋质被破坏，淀粉大量吸收水分而膨胀变成糊状，分解出单糖和双糖。所以这样的馍吃起来滑爽，有淡淡的甜味。

最后，揉功惊人，火力助攻。

烙制饦饦馍的面团儿，揉到光滑筋韧的境界后，擀成小圆饼。饼入热鏊两翻后，改中火，再改文火。六翻后，馍饼发轻，摁有弹力，平放左手心，右手搔饼面，左手心发痒。烤至九分熟出场，倘若全熟，煮后会软烂黏糊，影响口感和卖相。

到这里，您的手上应该已经拿着一个色泽黄亮，外皮略酥脆，内心绵软的馍馍了，现在，该由您来完成羊肉泡馍的重要环节——掰馍。

您可得拿出过日子的心来，才能吃到地道美味的泡馍。有人总结：煮馍五分钟，掰馍俩小时。

据说，这掰馍有四字真言：掰、撕、掐、抖。要先把馍横竖掰成四块，再把每块撕成薄片，然后用指甲掐成黄豆大小的颗粒，最后还得抖一抖，省得颗粒之间粘连。这样的每一粒馍都会有参差不齐的边缘，容易挂汤，和汤变成你中有我，我中有你的亲密状态。泡馍店里煮馍的大师傅，看到掰的又小又利落的馍，就知道行家到了，煮起馍来也格外有天涯遇知音的劲头。

羊肉泡馍，拿什么泡？自然是要有一锅好汤。

泡馍讲究汤清肉烂，所以，煮汤的时候，骨汤和肉汤分开煮。肉先腌制 20 小时，再煮 8～12 小时。陕西西安回民坊上的泡馍馆，常见 1 米口径的大锅，有的卖家，一天就卖一锅汤，汤见底儿就算下班。

汤和馍都到位了，还得会吃。

羊肉泡馍一共有四种吃法：

一是"干泡",煮好的馍和汤合体,吃完了以后碗内无汤、无馍、无肉。

二是"口汤",就是汤少,吃完后碗内就剩一口汤。

三是"水围城",就是汤围馍,汤多馍散、清香绵滑。

四是"单走",不掰馍,汤单上,泡而不煮,客人自己吃馍就汤。

不管哪种吃法,都得紧着外围扒拉着吃,有个说法叫"蚕食"。转着碗边,就着糖蒜和辣酱,像蚕宝宝一样吃泡馍,才能保持鲜美之味不散。

这样,才堪称一场羊肉泡馍的完美体验。

饺 子

饺子,在中国是个神奇的存在。神奇到就像一本使用了一千八百年的日历。

除夕吃饺子、大年初一吃饺子、大年初五吃破五饺子,

四喜饺子

手工饺子

头伏吃饺子、立秋吃饺子、立冬吃饺子，冬至吃饺子、大寒小寒吃饺子，就连出远门，都要吃一顿饺子。结婚这等大事儿，也要煮几个饺子，还不给煮熟了，问你："生不生？"

中国人为了吃饺子，真是想尽了理由。

有了这些理由还不够，还有"饺子就酒，越喝越有"的说法，甚至更有"好吃不过饺子，舒服不过倒着"的远大理想。

咱们为什么这么爱饺子呢？

估计还是跟咱们东方独有的"年文化"有些关联。过年，辞旧迎新，更岁交子，不论贫富贵贱，都是个充满希望的喜庆时刻。这个时候吃的饺子，自然是自带喜气儿，天生就讨人喜欢。

而且，饺子也非常有营养。一张皮儿里，可以包罗万象，喜欢吃什么，就往里包什么，原汁原味，能吃得出食材的本来味道。

一家人在一起包饺子，擀皮儿的擀皮儿，和面的和面，调馅儿的调馅儿，真是一幅共享天伦的美好画面。

最重要的是，到点儿吃饺子，让一顿普通的饭，有了仪式感。清宫档案记载，清代皇帝在每年的大年初一凌晨四点左右，都要在弘德殿里头吃饺子。这是一项清朝皇帝必须举行的新年礼仪。新年的这一顿饺子，也是有着祈福的意义的。而且，由于乾隆皇帝笃信佛教，所以，他这一顿饺子，是素馅的饺子。有学者考证，乾隆皇帝大年初一一大早吃的饺子一般有两种馅儿，一种是马齿苋、金针菜和木耳，一种是蘑菇、笋丝和面筋。

在民间，就百花齐放了。猪肉可以与一切食材搭配，韭菜更是其中的魂魄。牛羊肉的馅儿要配圆葱，鲍鱼海参也能做馅儿。素的更是天花乱坠，随心所欲。西红柿鸡蛋、西葫芦鸡蛋、土豆丝馅儿，还有臭豆腐馅儿的，真的是心想事成，想吃什么包什么。还有人在馅儿里包新的硬币，谁吃到了，就代表幸运降临，能开心一整年。

为了更好地吃饺子，北京人还会在腊八这天，做腊八蒜。

腊月初八这天，是北京人非常忙的日子。既要做腊八粥，又要做腊八蒜。剥蒜，买醋，必须是全家总动员。醋和蒜泡在坛子里了，大人孩子，就开始等着过年了。

临近除夕这一天，坛子里的蒜绿了，透着春天的气息，醋也不那么酸了，有点淡淡的甜香。家里窗台上的水仙，也开了，清清香香的，沁人心脾。

忙碌了一年，新的一年，又要开始了。祝福明天的日子，会更好。

炸酱面

炸酱面有个神奇的特点，不论去多有名的饭馆吃饭，假如点了炸酱面，食客们都会觉得，没有自己家做得好吃。

老北京的家里，要是拿不定主意吃什么，多半就是吃炸酱面了。

假如哪个朋友到家里来，能跟着家里人一起吃饺子或者炸酱面，那关系，真就不是一般的好。比起炒一大桌子菜，这样反而来得贴心。

炸酱面做起来不难，但是做好了不容易。每家都有自己的独门秘籍。这个烙着深深北京胡同大杂院印记的平民吃食，在全国亮相被推广，还是因为两个艺术作品。

一个是相声演员冯巩先生主演的电影《没事儿偷着乐》，一个是北京人艺的演员梁冠华先生主演的电视剧《贫嘴张大民的幸福生活》。这俩虽然表现手法不一样，但其实讲的是同一类故事，都是当年的爆款。其中大家印象最深的几个名场面中，男主人公端着碗吃炸酱面，咔哧咔哧就蒜的桥段，总有一席之地。

炸酱面的主心骨是"炸酱"。虽说是一家一个做法，但是不外乎酱、肉丁、油，还有人家用鸡蛋炸。食材全国统一，但是做出来的味道，却大有不同。这也是炸酱面的神奇之处。

北京的炸酱面讲究的是小碗干炸，酱一般买天源或者六必居的干酱，上屉加热，把酱蒸熟。更讲究的人家，会把蒸熟的酱放在瓷坛子里，凉一宿，第二天才炸。干酱要用香菇水和香油澥开。一般用五花肉就行了，老饭骨儿们，会选梅花肉。他们认为这里肥瘦搭配得更合适。切成骰子块儿大小，锅里下油煸炒，把猪肉里面的肥油熬一熬，盛出来。原油下酱，带着水分的黄酱与带着肉香的荤油激烈地碰撞翻滚，这个时候，屋子里香气四溢，应该有人在忙着剥蒜了。酱炒得发亮了，就差不多了。

炸好的酱放在碗里，用筷子在中间划开，缝隙不粘，又带着点劲儿，这样就是一碗上好的小碗干炸。

面这时候也该下锅了。锅挑儿还是过水，还是先来碗锅挑儿，再来碗过水，完全看肚量。

锅挑儿是热面，拌上炸酱，附和的香气乘着面的热乎气儿，扶摇而上，这碗面不仅解了嘴巴馋，鼻子也没闲着。烫嘴烫心，从里到外，那么舒坦。

过凉水以后，面凉了，根根利落，也别有一番风味。

菜码什么的，家家也不一样，丰富的，有熟黄豆、黄瓜丝、心里美水萝卜丝、焯过的白菜丝、香椿芽。平时，就洗一根黄瓜，一口黄瓜一口面一口蒜，给个神仙都不换。

每个人的心门，都有一把锁，童年的味蕾记忆，是开锁的钥匙。不论你走多远、飞多高，打开门，里面亮堂堂、暖洋洋。

不论是衣锦还乡，还是两手空空，一顿最好吃的饭，一直都在家里，等你。

打卤面

打卤面是北方的吃法。普及全国，可能是因为中央电视台的春节联欢晚会。

1984年，陈佩斯和朱时茂两位演员在春晚的舞台上表演了小品《吃面条》。让长江以北的观众，知道了北京除了炸酱面，还有打卤面。当然，最重要的，是打卤面的吃法：大碗、少面、多浇卤。

在北京，假如不特别说明，打卤面是一种豪华的面。

大棒骨熬汤，五花肉、黄花、木耳、口蘑各种作料。足足忙活一早晨，中午才能吃上。所以，北京人家里轻易不做打卤面，一般是有人过生日，才能吃上这碗仪式感十足的打卤面。

通常，家里常做的，是西红柿鸡蛋卤面。这个就简单多了。

曾经有个年代，几乎家家都做西红柿酱。这跟番茄酱可是两码事。要用医院里的玻璃点滴吊瓶，装上秋天搓堆儿买的便宜西红柿，上锅蒸熟。这是民间的智慧，可以保存西红柿。以便在只有大白菜、豆腐、萝卜吃的冬天，让餐桌的颜色也丰富起来。有点像西红柿炒鸡蛋，不过是先炒西红柿，加水开锅以后，撒蛋花，最后勾芡。

此外，北京人家里，还会做素卤，比如茄子卤。

当然，打卤面出了北京，还有各种版本，天津的三鲜打卤面里有大海鲜，山东的打卤面里有白菜，山西的打卤面有辣炖肉。不管走到哪里，打卤面都要吃手擀的。这，是一个北方人对打卤面的基本要求。

糊塌子

北方人好面食。白花花的面粉，蒸馒头、蒸花卷、蒸豆包、蒸包子、烙大饼、手擀面……实在懒得弄，就往热汤里下稀面糊，做疙瘩汤。

千百年来，北方人一直在研发面粉的新花样，不知道什么时候起，有人把新鲜蔬菜切成极细的丝，跟面糊搅和在一起，往热饼铛上一浇，就有了"糊塌子"。

糊塌子北京人家家会做，饭店里也常常有售。比饼软，自带蔬菜，省事儿又有营养。

专门做面食的大厨透露，和面糊的时候，点一点儿香油，在冰箱里稍微冷藏一会儿，做出来的糊塌子格外好吃。

另外，糊塌子的最佳伴侣是三合油，米醋、酱油、香油，再加上点儿手切蒜末，糊塌子蘸三合油，最后来碗小米粥。简单，而满足。

烧　卖

烧卖，在有些地方写成"稍麦"，南北方基本通用。倒不像圆白菜到了南方叫莲花白；皮皮虾到了南方就叫濑尿虾。烧卖不仅南北方叫法一样，而且从古至今，基本也没改过名。

14世纪朝鲜使用的汉语教材《朴事通》上，还记载了当年北京有卖"素酸馅儿稍麦"的事儿。

烧卖

明代的话本小说集里也写得明明白白："烧卖、扁食有何难，三汤两割我也会。"[1]清代小说里，也能看见烧卖的字样："席上上了两盘点心，一盘猪肉心的烧卖，一盘鹅油白糖蒸的饺儿。"[2]乾隆皇帝还写过诗："稍卖馄饨列满盘，新添挂粉好汤圆。"所以，至少在明清的时候，北京人就吃上烧卖了。

烧卖和包子很像，都是面皮包着馅儿，上屉蒸，两者有什么不同呢？

最大的差别在：包子是发面，而烧卖不是。

去的地方多了，就会发现，包子接地气儿，但是成不了潮流。没有哪一座城市，整条街道上都卖包子。但是烧卖可以。在内蒙古的大城市里，整条街都飘着烧卖的香气。能以一己之力，统领整条街道的餐饮项目，能跟烧卖媲美的，估计就是重庆的火锅了。

在北京，专门卖烧卖的店不多，除了内蒙古驻京的几家单位，能做烧卖的店一个巴掌能数得过来。北京有许多外地来的食物品种，都发展得不错，唯独烧卖，一直没能开枝散叶。可能跟制作烧卖的技巧比较复杂有些关系吧。

不管烧卖和包子看上去有多么相似，烧卖一看就不是北京土特产，平白涨了几分身价。

各地的烧卖，重点是馅儿料格外不同。

1　（明）洪楩编印：《清平山堂话本·快嘴李翠莲记》，1957年谭正璧校注本。
2　（清）吴敬梓：《儒林外史》第十回。

内蒙古的烧卖，以羊肉馅儿为主，内蒙古以外的烧卖，馅料变化繁复，各地都有自己的明星烧卖。安徽有鸭油烧卖；杭州有牛肉烧卖；江西有蛋肉烧卖；苏州有三鲜烧卖；湖南长沙有菊花烧卖；广州变化最多，有干蒸烧卖、鲜虾烧卖、蟹肉烧卖、猪肝烧卖、牛肉烧卖和排骨烧卖……到了北京，烧卖馅儿中规中矩，羊肉馅儿、猪肉荠菜馅儿、蟹黄馅儿；最近几年，多了一个炫彩鲍鱼馅儿——不知道未来会不会有北京烤鸭馅儿。

清乾隆三年，在北京前门外大街开了一个小酒馆，老板是山西人。同治年间，添了烧卖的营生。打有烧卖那天起，这家馆子历经改朝换代，抗日解放，都没断了做烧卖。

据说，这家馆子声名鹊起，是因为老板经营不善，伙计们要报复老板，使劲放料。没想到，反而赢得了食客们的心。

过去的事儿，咱们不知道，反正现在都一处的烧卖每一个环节都是标准化了的。烧卖皮儿得薄，一张皮儿，中间的厚度只有 1 毫米，比头发丝儿厚点儿。边缘部分比头发丝儿还细，仅仅 0.5 毫米厚。拿起来透亮看得清字儿。整张烧卖皮大小是直径约 11 厘米，最少要捏成 24 个褶儿，据说，是代表 24 个节气。除了大小，分量也是有标准的。都一处的烧卖，每四只烧卖用馅儿一两二钱，用面皮一两三钱。每一只，都可丁可卯，一点不含糊。

总之，在北京，比起吃包子，吃一顿烧卖，或许总是需要些理由的。

馄　饨

馄饨，跟饺子太像了。

饺子的外形没有馄饨丰富，老北京馄饨的包法至少有十种，都很吉祥，有形似元宝的、官帽的、凤尾的、莲花的、天圆地方的、猫眼儿的、金鱼尾的等。最常见的还是元宝状、金鱼尾和官帽状。不管三角形和方形的馄饨皮儿，都阻碍不了北京人丰富的想象力，几秒钟一个。

北京人迷之喜欢饺子，但是对馄饨的感情却没有那么深厚。两种馅儿活，到底区别在哪里呢？

恐怕最大的区别，就是馄饨有汤，是在鸡汤或者大棒骨汤里煮熟的。而饺子是在清水中变熟的。

吃的时候，一般情况下，饺子盛在盘子里，然后一个个夹出来，蘸醋吃。而馄饨是盛在一碗鸡汤里，点缀着紫菜、虾皮、香菜端到食客面前的。

馄饨重形和汤，饺子重馅和蘸料。

当然也有例外，比如陕西的酸汤水饺和四川的抄手。

馄饨到了四川，就叫抄手。三两个放在小碗里，可以浇上红油，就叫"红油抄手"，也可以不浇。

馄饨的历史应该和饺子差不多长，一两千年肯定有了。关于它的出现，有许多传说故事。比起那些远到离谱的故事，可能现在的故事更加温暖。

过去北京地界儿，有个关于馄饨的习俗，就是大年初二早上起来吃馄饨，有个顺口溜是这么说的："正月初二，早吃馄饨拜财神。"天还没亮，赶紧吃完馄饨，都去广安门外的五显财神庙，祈求一年的万事顺利。

北京的馄饨，解放前，是挑着挑儿卖的。馄饨挑儿一般是木头的框架，中间一条扁担，两头功能明确。

一头是小巧的炉子，烧煤的，有个小锅，锅里炖着一只鸡。另一头是一个小木头柜子。抽屉里放着准备好的各种材料。生面、水、提前备好的馄饨皮、馅儿、各种调味料。还有几个小凳子，给挑贩自己或者客人们用。卖馄饨的人挑着挑儿，在胡同里叫卖，遇到想吃的人，就站一站，煮一碗馄饨，吃完再继续走。

一般会有个相对固定的地儿，买馄饨的人，都知道那儿。

卖馄饨的人，就在那里临时固定下来，带来的材料卖完就收摊儿。

吃馄饨的乐趣是提要求。有的食客喜欢紫菜，就会嘱咐摊儿主人，多放点紫菜。有的人喜欢香菜，就让多放香菜。摊儿主人一般都会满足大家的要求。有些人的要求比较奇怪，只要皮儿，不要馅儿。或者不要香菜。还有不要馄饨的。那就是来喝汤的。

这移动馄饨儿挑儿，曾是老北京的街头一景。

用画笔画老北京历史的何大齐老师，还专门画过老北京的馄饨挑儿和后来的馄饨摊儿。

馄饨摊儿的出现，在20世纪40年代。这其实是一辆车，大概两米长，有俩轮子。工具还是那么多，该有的都有了，车上的木板横过来，食客甚至还有了一张桌子，可以坐着吃了。摊儿上有一盏黄色的灯，散发着暖暖的善意。

装备升级了，食客们的要求还是那么五花八门。

过去人不少都要上夜班，下夜班的时候，要是回家的路上，

老北京街景——馄饨摊儿

有个热气腾腾的馄饨摊儿，加班的人，老远看见馄饨摊儿，一天的疲惫就松懈了一半，不论饿不饿，只要兜里有钱，都坐下来，来碗热气腾腾的馄饨，心里熨帖得不得了。大家还能坐在一起，一边喝馄饨汤，一边聊聊家长里短，嘻嘻哈哈，温暖明亮的黄色灯光，是夜里的颜色。

再后来，北京最有名的七八家馄饨摊儿，合并了，进店了，成了今天的馄饨侯。

变成了正经饭店以后，营业时间，发生了变化，馄饨也完成了标准化进程。美中不足的有一点点，食客与煮馄饨的人之间，也发生着变化。

人和人之间，隔着柜台、隔着玻璃、隔着墙，渐渐地，隔了心。

茶 点

20 世纪 70 年代北京稻香村

茶点，是搭配饮茶活动的一种精致小吃。南北方差别比较大。

北京的茶点，是从贵族的生活方式中发展来的。清代小说《红楼梦》里，大量地描写了贵族们喝茶时候搭的茶点种类，花样小巧，味道多变，形制可爱。

艾窝窝、豌豆黄、排叉儿、绿豆糕这些都是北京人常吃的茶点。北京的茶点种类非常丰富，有甜有咸，有酥有脆，有绵有硬。不同的茶，讲究搭配不同的点心。

比如普洱茶，可以搭配荤点心，肉脯类的或者烧卖；绿茶可以搭配奶类的，比如萨其马、奶糕。

繁简由人，自在享乐。

桃　酥

在北京南城沙子口，有一家专卖桃酥的店，生意好得不得了。来买桃酥的人，都好几百好几百地装箱。因为，桃酥是很容易保存的小吃。

其实桃酥是简称,全名应该叫"核桃酥"。想来最早里面应该是有核桃的。后来变成了纯面粉的做法。

桃酥的魅力在"酥",酥的核心是用油和面。油从诞生那天起,就是金贵的食材。所以,当油舍不得用的时候,那就得用水和面。水和面的直接后果,就是"硬邦邦"。

过去有个相声,说一块桃酥掉马路上,没等捡回来,有辆大卡车开过去,正好压桃酥上。还没来得及心疼呢,车开过去一看,桃酥完好无损,就是镶嵌到马路上了,还得使江米条撬。

笑话归笑话,但是从这里能看出来,桃酥是经历了一段"不酥"的时期的。

现在六七十岁的人,对桃酥的记忆很清晰。香甜可口的酥点心。一般放在铁皮饼干桶里,特别馋的时候,大人才给掰一块。所以,一般这个年纪的老百姓,小时候很少能吃到整块的桃酥。因此,有人说桃酥是圆的,也有人说桃酥是方的。他们的童年,充满了对桃酥的想象。

核桃酥

其实国外也有类似桃酥做法的点心，只不过不叫这个名字。在中亚地区，匠人们用黄油和面，这种烘焙方法现在也还有，也挺早就传到了中国。不过，牛奶价格可比油还贵，1 斤牛奶能提炼出 1.5 克左右的黄油，所以咱们的起酥点心，多数用的是大油起酥。

北京人这么爱吃的桃酥，故乡不在北京。江西鹰潭是国家认证的"中国桃酥之乡"。全市有十多万人在中国各地做桃酥的企业。

不管怎样，桃酥在北京也有许多年的历史，甚至进入了宫廷，所以有宫廷桃酥。宫廷桃酥里，应该是有些核桃的，除了解馋，还有些止咳的效果。生长在皇宫里的人，也许能够吃到整块的桃酥吧。

桃酥和大白兔奶糖，是 20 世纪六七十年代孩子们香甜的童年。

萨其马

萨其马是满语，意思是"切""切开"。我们可以理解为一种"切糕"。

萨其马是清代的一种祭祀食品，后来成为北京民间传统小吃。

萨其马还有一个名字，叫作"狗奶子沾糖"，也有写作"马奶子沾糖"的，狗奶子和马奶子都是枸杞子。

从名字上看，说得明明白白，萨其马是一种大块切成小块的，带有枸杞子的甜食。

这种甜食没有季节性，一年四季都能吃得着。这一点现在和过去差别不大。但是在做法上，还有些区别的。

根据故宫里的档案记载，满族皇室是非常喜欢奶制品的。甚至有记载说，皇后一天要用八十斤鲜奶。除了表现皇后尊贵的阶级地位之外，这个数字也能说明奶制品，对于满族皇

🍴 萨其马

室的重要性。

喝，肯定是喝不掉的。除了赏赐之外，拿来做饽饽点心也是很有可能的。比如萨其马。

萨其马的一种做法就是用冰糖、奶油、白面粉、鸡蛋和好面后，切成细条条，下锅炸。炸好之后，撒上枸杞子，或者根据喜好，再加上其他干果。

现在的萨其马做起来简单了，甚至在家都可以操作。面粉、油、鸡蛋、糖和蜂蜜就够了。还有个更简单的办法，就是用现成的面条代替面粉，这样就省去了和面的步骤。直接下锅炸，炸好以后放在一个方的容器里，然后用糖和蜂蜜熬糖汁，浇在炸好的面条上，压制定型。最后点上枸杞子之类的点缀。晾干以后，香甜可口的萨其马就制作成功了。

萨其马口感绵甜松软，色泽金黄，甜而不腻，入口即化，香浓适口，好吃还不粘牙，老人孩子都喜欢吃。

但它一直是金贵的。皇宫里的贵族们，可能比较容易吃到，民间的人们，还是不能随心所欲。当代女作家叶广芩的中篇小说《豆汁记》里，作者小时候，不爱吃母亲做的豆汁儿煮剩饭，她母亲只好把家里的点心匣子拿来，让孩子挑点吃的。作者说她挑了块萨其马，拿了块糟子糕，正要向一块自来红月饼伸手，母亲说，够了！其实那晚，没吃饭的还有作者父亲捡回来的一个无家可归的女人。但是作者的母亲只给她吃了晚上的剩豆汁儿煮饭，没有拿出点心匣子。可见，萨其马，的确是好东西，外人不给吃，亲生女儿也要省着点吃。

在 2019 年的夏天，一块女孩子手掌心大小的萨其马也要卖 12 元，倘若吃得着急些，恐怕也会心疼钱包吧。

豌豆黄

几乎所有的北京菜馆的菜单上都有豌豆黄。并不是每家都有个会做豌豆黄的师傅，而是现在有了一种经营方式，叫作"中心厨房，冷链配"。

因为豌豆黄太北京了，确实是北京小吃的代表。颜色好看，味道香甜，爽口舒坦。过去皇帝家也爱吃。

要说咱们老百姓吃的豌豆黄，和当年皇帝皇后吃的有什么不一样，那还真就是差在"冷链配送"上了。

皇上吃的，那叫"现点现做"。

"宫廷豌豆黄把豌豆糗透了以后，必须要过箩，用 30 目的箩。30 目的箩，就是一个孔只有 0.6 毫米大小，比一根头发大点有限。过完箩，还得熬。做一碗宫廷豌豆黄，要用四个小时。"[1]

这种讲究细节的做法，是国宴的做法。金黄透亮、绵软细腻，假如豌豆黄有个标准，那应该就是这样的。

这样的豌豆黄，放不住。三四个小时内，得吃掉，不然就变形、开裂，坏了。

然而我们大多数情况下，吃的豌豆黄，加了琼脂。

[1] 冯怀申：《小吃大艺》，中国纺织出版社 2018 年版。

虽然延长了豌豆黄外形的保存时间，但是，毕竟稀释了豌豆的香气。

豌豆黄还有个大众版，叫作豌豆糕。

这两种小吃食材一样，就是豌豆糕不过箩，比较粗糙，但是保留了豌豆沙沙的口感，还加了小枣，吃起来另有一番风味。

芸豆卷

芸豆卷是地道的北京传统小吃。

但是主要的原材料白芸豆，也叫多花菜豆，却是从地球的那边，远渡重洋来的。

那边，是墨西哥。离北京一万多公里。墨西哥人的餐桌上离不开老三样——玉米、菜豆和辣椒。这三样，咱们中国明代以前都没有。墨西哥人，比咱们吃得早。

不过，咱们虽然接触得晚，但是这三样咱们用得精吃得细。

这白芸豆到底是怎么漂洋过海来到中国的，咱们暂且不去讨论，反正自从它到了中国，就悄悄扎下了根。这可是真的"悄悄地"，因为明清两代的相关书籍中，对白芸豆的记载非常非常少。后来不知道怎么了，竟然成了清宫里的重要食材。

据北京社科院满学博士后杨原老师说，他在清宫光绪年间的膳单和慈禧的西膳房记录中，见过芸豆卷的字样。这说明，芸豆卷至少自清末起，就已经是皇室餐桌上的香饽饽了。它是成熟的、完美的宫廷甜点。它色泽雪白，润如玉，细如丝，入口时，舌头轻轻顶一下上腭，就化在口中，香甜不腻，松软不粘，爽口之极。

芸豆卷的制作非常麻烦，很耗时间。其中最累的环节是要过许多道箩,让蒸好的芸豆变成细腻均匀的芸豆粉。这道工序过去叫"澄沙",今年65岁的中国面点大师冯怀申老师说,他的芸豆卷手艺是跟仿膳的师傅学的,工艺繁复精致。做到极致,老年间给皇室吃的芸豆卷,只有成年人大拇指指甲盖大小,像两个摞在一起的一块钱钢镚儿薄厚。

做好之后,夏天得在半个小时内吃完,不然表面就干裂了。

所以,这道点心非常娇贵,需要现点现做,才能体验到芸豆卷的美妙。

即便是在高度现代化的今天,要想做好芸豆卷,也只能靠人工来完成。制作环境的温湿度、豆沙的状态,甚至卷芸豆粉的棉布的纹理,都要恰到好处。这个过程,完全靠厨师来把控,对于厨师来说,这是一种"至静"的修行。对于食客来说,是一种境界的享受。

芸豆卷被列入京城小吃十三绝,着实名不虚传。

芸豆卷

驴打滚

驴打滚其实有个正经名字，叫作豆面糕。据说是从河北承德传入北京的。年代不详，但在北京小吃里扬名立万，差不多也百十来年了。

有老师傅说，因为河北承德那里产质量上乘的黄米，所以吃法就比其他地方丰富。

最早豆面糕的做法还挺复杂的，处理好黄米面，加水和到软软的状态，还得刷一层红糖汁儿，最后才裹上澄好的红豆沙卷起来。

现在大部分人做这个，都不刷那层红糖汁儿了，省了一道工序。

卷好了的豆面糕还得放在黄豆粉里打个滚儿，样子有点像驴子在黄土地上打滚儿的状态，所以后来，豆面糕的名字就变成了更加活泼的"驴打滚"。

想来豆面糕也没什么意见，老师傅们也就接受了。

毕竟，豆面糕裹上黄豆粉之后，还要撒上冰糖渣儿、果料、白糖和熟芝麻。而驴打滚，不用。

好多手艺，传着传着，就变成了简易版。得其形，而少其魂，也就传个名字罢了。

杏仁酥

杏仁酥跟核桃酥极像，只不过是在面

驴打滚

粉里，按照一定比例，添加了杏仁粉。

制作方法一模一样，形状可以根据喜好，做成圆形或者长方形，还可以加其他的坚果。

这道点心，南北方都做，差别不大。南北方人的口味喜好如此高度统一，这也是一件难得的事情。

自来红、自来白

自来红和自来白都是月饼，是北京特产的月饼。

但是自来红和自来白，并不是只有八月节才卖，一年四季都有售。说到底，它其实就是一种茶点。

月饼成为八月十五的固定搭档，是明代的事情。之前，不论南北，都是常见的酥皮带馅儿的点心。

北京的自来红、自来白，并不是必须买一套的，可以单买自来红，也可以单买自来白，二者的区别还挺大的。

自来红是用香油或者花生油起酥，白糖、冰糖、青红丝、瓜子仁、松仁儿、核桃仁做馅儿。

自来白用大油起酥，白糖、山楂、枣泥做馅儿。

外形都像个鼓鼓的小馒头，一个是棕红色，一个是乳白色。

好的自来红、自来白，即使放时间长了，起酥的皮儿也不会硬得像石头，馅儿就不好说了。

不过，自来红新买的嚼起来也会咔嚓咔嚓响，那是因为馅儿里有冰糖渣。

传统的自来红的配方是这样的：八一粉 100 斤，香油 70 斤，白糖 55 斤，冰糖 7 斤，桃仁 7 斤，瓜子仁 2 斤，桂花 1.5 斤，饴糖 7 斤，馅面 24 斤，木柴 200 斤，另加包装，共 265 斤；每斤成本 4875 元，每斤零售价 6400 元（每斤 16 个，每个一两）。[1] 这是 1952 年的自来红制作成本报告。

这个报告里有意思的一点是,每斤16个,每个一两。这不就是"半斤八两"嘛。

半斤八两的年代过去了,月饼的花样多到数不清。但是许多人,还是喜欢一百多年没变样的自来红、自来白。

尤其是会咔嚓作响的自来红,就上一壶酽酽的茉莉花茶,这就是标准的老北京的下午茶。

绿豆糕

绿豆糕是非常传统的糕点,南北方略有差别,一种用油,一种不用油。

在北京,绿豆糕有回汉两种不同的做法。原材料都是绿豆,区别是回族做的绿豆糕,用香油;汉族做的绿豆糕用大油或者植物油。

绿豆糕色泽鲜绿可爱,闻上去有一股绿豆的香气。夏天食用,有清热解毒、去火消渴的功效。

在古代,绿豆糕和粽子一样,是端午节必须吃的节气食物。古人的依据是:端午节这天,一年中阳气最盛,人容易上火,烦躁。而绿豆性味甘寒,有清热解毒、祛暑止渴、利水消肿、明目退翳的作用。夏天,南北方人,都会煮绿豆汤来解暑降温。吃一块绿豆糕,更是消暑降燥。

绿豆糕是经典的熟食生做的糕点。首先将绿豆煮熟,经过晒干脱皮等一系列的工序,制成熟绿豆粉。再加入自己喜爱的口味,进行加工。可以放蜂蜜、放奶油、放桂花,总之,自己喜欢什么就放什么,给大家充分的想象力。

因为绿豆糕太受欢迎,所以,也不知道从什么时

一 《北京市糕点糖果业同业公会筹备委员会月饼成本计算表》,1952年。

候开始，它就不跟粽子一样，只出现在端午节了。许多铺子常年销售绿豆糕，绿豆糕成了著名的京式四季糕点之一。

馓　子

北京小吃品种繁多，有些一红就是几百年，有些早就吃不着了。有些曾经像日历一样，提醒着大家一个特殊的日子，有些也说不好是为了纪念哪个日子，还是为了吃。

馓子就是这样一种小吃。

过了年，北京城里刮三场大风，紫禁城边上的柳树都绿了的时候，就该去隆福寺小吃店排队买馓子了。

那是清明时节。

清明是个节气，清明前一两天是个节日，叫"寒食节"。一千多年来，馓子都是寒食节的特有食品，所以，它还有个名字，叫"寒具"。

历史太久远了，馓子又酥又脆，顶级的好吃，估计除了寒食节，平时也有人做。

> 纤手搓来玉色匀，碧油煎出嫩黄深。
> 夜来春睡知轻重，压匾佳人缠臂金。

这是宋代的大文豪苏东坡先生写的诗。名字就叫作《戏咏馓子赠邻妪》。

这首诗里，有好几层意思。一是，馓子确实是春天吃的；二是，馓子当时是圆的，像手镯。

至于怎么就从圆的变成直的了呢，没有具体记载，老厨师也不太清楚。大抵跟锅的发展有关吧。以前冶炼铸造业不发达的时候，做不了大锅，那馓子做成圆形，不占地儿。清中期以后，有实力做大锅了，馓子就具备了又长又直的条件。

关于馓子的形状，其实没有一定之规。别说南北方不一样了，连北京城里，不同的区域，形状都不一样。

"东城西城崇文宣武，各区有各区的手法。有扭花的、有直面的；有搭扣的，有不搭扣的；有扇面的、有圆的。我还听说过珍珠馓子，就像穿起来的珍珠项链，那可以说就是艺术，早就见不着了。"[1]

现在常见的馓子接近扇面形状，这也是清真小吃的代表之一。

一个做馓子的师傅得到的最高表扬，就是自己做的馓子拿起来掉案板上，摔得要多碎有多碎。奇怪吧，一行有一行的门道，内行人看了，就知道，这位师傅，是炸物的高手。

现在在北京，馓子随时能买到，一些清真的点心铺，常年有售。

芝麻酱糖饼

"二儿他妈妈，明儿你给我烙俩糖饼啊。"这是一句相声的台词，让全国各族人民，知道了北京人有多爱吃芝麻酱糖饼。

不过有些奇怪的是，为什么这句著名的台词，是天津口音。所以，很有可能，芝麻酱糖饼是京津地区大众的共同爱好。

以前没有那么多饭馆，芝麻酱、红糖也都凭票供应，显得特别金贵。所以，想吃芝麻酱糖饼，就得等家里有个什么由头，长辈给烙。

一年能吃上的次数，屈指可数。

味觉的依恋，是可以遗传的。"80后"、"90后"甚至"00后"，他们生长在物质极为丰富的时代，但也对芝麻酱糖饼，有着迷之喜爱。

要想芝麻酱糖饼做得好吃，就是得舍得放料。芝麻酱、红糖，都放双份的，肯定好吃。

　　做法不难，会烙饼，就能操作。和好的白面醒一会儿，然后揪成一个个剂子，擀成圆饼，大小根据自己的饼铛规格。然后涂上一层厚厚的芝麻酱，再均匀地撒上厚厚的红糖，用手把圆饼从下往上卷成卷儿，封口，擀成圆形就可以上铛烙了。

　　现在生活节奏都提速了，在家里烙芝麻酱糖饼的人少了，一般都外面买着吃。奇怪得很，北京城里评价最好的芝麻酱糖饼竟然是一家烤羊腿的店做的，十多年来，无一差评。

零嘴

江米条

江米条,是一种可以通过名字来区别食客的家乡是南方还是北方的小吃。

江浙沪包邮地区叫"京果",北方叫"江米条"。还有的地方,叫糖球或者寸枣。

不管叫什么,甜就对了。

江米条是江米粉做的,江米是一种细长的糯米。年糕和元宵,都是江米粉做的。

这种食材不能多吃,否则不好消化。不过,因为江米条甜脆可口,大家往往忘记了这和元宵年糕是一类食品。

江米条在家做得少,这种需要油炸的小吃,一般不适合家里做。一是费油,二是毕竟炸需要些技术,容易做不好。

所以,江米条都是点心铺子里卖的。有零称散装的,也有成袋包装好的。过去,算年货,过年时候才置办。现在是零食,而且在小吃界的地位,远远不如从前。

现在好吃的东西,实在是太多了。

糖耳朵

北京人爱吃甜食,尤其是炸的甜食。

有许多炸的、甜的小吃,都是北京特有的。

糖耳朵

比如糖耳朵。

这个名字起得好,一目了然,口味和形状都说明白了,绝对不会买错。

甜的。形状像人的耳朵。其实它有个正式的名字,叫作"蜜麻花儿"。

糖耳朵是回民小吃。北京南来顺做的蜜麻花儿也就是糖耳朵,1997年就被评为"北京名小吃"和"中华名小吃"。

过去,糖耳朵只有春、秋、冬三个季节能吃到,夏天是买不到的。这跟它的制作工艺有关。

做好形状的面坯子,炸透了,呈金黄色之后,趁热泡在化好的饴糖里,这叫作"过蜜"。一分钟以后,捞出来,放在盘子里凉凉。夏天,天热,糖蜜粘不住。要是糖蜜挂得不均匀,那就不是一个合格的糖耳朵。

糖耳朵吃起来味道感觉有点复杂:甜而不腻、脆中带润、酥而不酸。真真是馋人的小点心。

炸饸馇盒

过去北京人家的小孩子，一看到家里大人炸饸馇盒，就知道，过不了几天，就得跟着去拜年了。因为炸饸馇盒，是一道过年时候，才会做来吃的特殊小吃。

做法很简单，家家都能操作。面粉和好以后，像摊煎饼一样做成薄薄的煎饼。然后把搅拌好的猪肉馅儿，类似饺子馅儿就行，裹在煎饼里。然后把煎饼卷成带馅儿的小圆棍。切成菱形段。再下锅炸。

相传炸饸馇盒的做法，是山东打工的人发明的。山东人跑漕运水路码头，带着山东煎饼。山东煎饼只要不受潮，可以保存半年之久。但是天天在潮湿的码头干活，煎饼难免受潮。煎饼一受潮，不仅软塌塌不好吃了，更严重的是，容易发霉坏掉。

不知哪位聪明人，第一个想起来把煎饼炸一下，不仅可以脱水，还会更加酥脆。再后来，就有了升级版，带馅儿的炸煎饼段了。

这种制作方法，通过走南闯北的船工，在运河两岸迅速流传，当地百姓也学会了这种做法。直到今天，炸饸馇盒依然是通州馆子的拿手菜。

春　卷

每年到立春的那一天，北京人几乎家家户户都有吃春卷的习俗，这个又叫咬春。

北京炸饸馇

炸绿豆饸馇

老北京春卷

春卷在北京，也叫春饼。和南方的春卷有所不同的是，南方的春卷半透明，北京的春卷更像一张薄饼。

与其说春卷是北京的一种时令菜，还不如说春卷是中国人的一道家菜。

它历史悠久，早到无法确认具体出现的时间。不论南北方，春卷的基本形式，就是面皮卷菜。有的时候会煎一下，有的时候用炸的方法。

清代的一些书里，既有春卷的名字，也有春饼的说法。不论文字如何表述，做成卷状是肯定的："干面皮加包火腿肉、鸡等物，或四季时菜心，油炸供客。"[1]

春天，正是吃各种蔬菜的好时候，一张小小的薄饼，就把整个春天卷在嘴里，是吃食，也是一种享受。

排叉儿

排叉儿是北京地方小吃，是老北京"炸货"中的代表之一。底子就是炸面。最有名的口味是姜汁排叉儿。

姜汁排叉儿过去是贵族吃的一种茶点，现在也是少见。

[1]《调鼎集》，中州古籍出版社1988年版。

因为这个特别考验厨师的手艺和饭店的硬件实力,同时也考验食客的见识。

不是故意考验的,没有办法,姜汁排叉儿,必须现场做,不能放,放了就脱蜜,既不好看,也不好吃了。

有点像烤鸭,现点现烤,没有说都烤好了,放着,等客人来吃。这些吃食,都是人等菜,不能菜等人。

自打姜汁排叉儿从紫禁城里来到民间,就一直是深受大家喜爱的超级单品。

据说许多人家为了吃排叉儿攒粮票。北京城里能做姜汁排叉儿的店不多,20世纪七八十年代,隆福寺小吃店每年办两次小吃节,所以,每年就做两次姜汁排叉儿。

按说姜汁排叉儿既吃不饱,又不能存放,花有限的粮票买它,真是有些奢侈。

但是,姜汁排叉儿好看,晶莹剔透,甜而不腻,小巧轻脆。从过去到现在,都是会吃的人的心头好。

比起年年出新的现代烘焙,姜汁排叉儿就这样不声不响

姜汁排叉儿

地占据着北京小吃排行榜上的位置。

只可惜，会做的人，太少了。

炸三角

炸三角是北京特有的传统小吃。年头倒也并不是很长，也就百十来年，能做的地方一直不多。炸三角最早出现在北京，据传说，是在前门的都一处。当年就都一处卖，现在都一处也还在卖炸三角。

炸三角，过去也叫"油煎肉三角"。[1]理论上说，有点像油炸过的小汤包。这种油炸带馅儿的面食，技术要求非常高。一个不小心，就"放炮"，里面的馅儿迸出来，厨师就会受伤。

又有馅儿，又是油炸，所以这炸三角，可不是谁都吃得起的。早年间，来吃炸三角的，非富即贵。有意思的是，这炸三角，过去竟然是个时令菜品，夏天不卖。有钱也吃不着。

这也许是因为炸三角里有汤汁的缘故吧。一般厨师在做这种馅儿的时候，都需要一些肉汤冻儿。和馅儿的时候，用一块，拌在馅儿里，炸熟了以后，一咬开，就会有丰富的汤汁儿。

所以，吃的时候，可得多加小心，跟吃扬州的汤包一样，得先开窗，让热气儿先出来，慢下嘴，别把汤汁儿溅出来，弄脏了衣服还能洗，真烫着哪儿，那可就扫兴了。

说来也奇怪，人们在吃喝领域，总是显得那么勇气十足。

炸三角分荤素两种馅儿。

荤馅儿一般就是韭菜猪肉的，讲究的再加点虾皮提味。素馅儿的一般是韭菜、鸡蛋、粉条的。

还有一种纯素的炸三角，和"炸素丸子""炸饸馇盒"一起，被称为"炸三素"。真是素斋中的一种吃法。

这种炸的食品，一般家里做比较困难，一是没有那么大的锅，二是太费油。所以，炸三角，就属于那种一定要去饭

---

[1] [清]《帝京岁时记胜》。

枣窝头

菜窝头

栗子面小窝头

店吃的美味。尤其是现在,有冰箱,一年四季都能做炸三角。想想,三伏天儿,来个炸三角,再来一碗冰粥,啧啧,真是美滋滋。

宫廷小窝头

窝头,本来是北方汉族老百姓,尤其是穷苦人的主要食品。玉米面或杂和面儿和水,用手团成一团,再用大拇哥顶一个坑,变成下面有个洞的圆锥状。这样比较容易蒸熟。

大小随心,主要看锅有多大。有的饭馆蒸的窝头一个恨不得有半斤,家里做的,一般一个也就二两。

但是,这什么事儿,一沾上"宫廷"二字,就显得格外不同。连市井的窝头也不例外。

窝头和宫廷小窝头,最大的差别,不光是体积,更是内在。

北京近几百年都是国都,是皇室所在地,近水楼台先得月,所以,老百姓们,理所当然地觉得皇室贵族来到民间,和他们同吃同住的可能性也许是存在的。

比如这个宫廷小窝头的由来。民间传说,清朝末年,慈禧避难西行的时候,路上腹中饥饿,但是逃难途中，即使有厨师，也没有条件现场烹饪。随从们看见有老百姓在吃窝头，淘换了一个给慈禧太后解饿。俗话说，这最好的调料是"腹中饥"，饿了，吃嘛嘛香。慈禧就记住了这个味道。

等慈禧太后御驾回京，坐在紫禁城里，满眼的珍馐美味，唯独就想起来那一口窝头的滋味。

高度怀疑这个故事有艺术的加工，但是慈禧太后的确喜欢吃零嘴儿，还组建了自己的专属小厨房，叫作"西膳房"。西膳房一共五个部门，有两个专门为慈禧太后做零食。

其中就包括宫廷小窝头。

慈禧太后吃的宫廷小窝头，是栗子面的，身材秀气，也就拇指大小，黄澄澄，香甜可口，口感很像蒸熟了的栗子。

宫廷小窝头，用的也是玉米面，只不过，磨得极为精细，细到极致，然后加上黄豆粉、白糖等辅助材料，做起来可比老百姓天天吃的大窝头麻烦多了。

所以，号称是栗子面的宫廷小窝头里，可没有栗子。这也不算欺君之罪。充其量算作一种表达手法。总之，慈禧太后都没较劲，咱们也就姑且这样吧。

栗子糕

清明吃青团，端午吃粽子，中秋吃月饼，每一个传统的节日，都有一个对应的应景食物。在北京，重阳节要吃花糕。

花糕的做法比较复杂，有好几种说法。比如用糯米加枣蒸的，有江米粉上加蒸熟的栗子的。还有一种就是用栗子粉做的，所以，又叫作栗子糕。

这种栗子糕是北京又一顺饭庄的招牌，1997年，收录为中华名小吃。

制作过程繁复、讲究。

栗子煮熟后，去皮过细箩，凉凉以后，加白糖桂花酱澄沙馅儿成形。

红黄相间,鲜艳夺目,香甜不腻。

北京还有个宫廷小吃叫作"栗子面窝头",其实那里没有栗子,真正有栗子的,就是栗子糕了。

银丝卷

银丝卷

许多人认为银丝卷是同和居的一个招牌产品。其实北京的传统鲁菜馆子,都有销售。比如东兴楼、丰泽园、柳泉居。

在吃喝上,北方人有着自己的幽默和情趣。

就说这银丝卷吧,其实就是发面的面食。往俗里说,就是馒头里面加面条子。把这两种常见的面食组合在一起,起了一个好听的名字:银丝卷,这就是饮食的一种文化。

有意思的东西不一定是有用的,然而生活,往往需要这些看上去没有什么用,但是却有意思的事情来装点。

比如弹琴、画画、种花、散步,换一套好看的盘子来装自己做的饭菜。这些可能都没有什么用,但是却让我们快乐,会心一笑。

这银丝卷,说不定就是哪位厨师闲来无事,灵光乍现,发明创造的。有银丝卷,还有金丝卷。银丝卷是蒸的,金丝卷是烤的。

能做好银丝卷的厨师,都是面神。因为不同形状、不同厚度的面,发酵的程度是不一样的。这个银丝卷做到极致,应该是里面一丝丝的白色面条。但是做不好,那就是一根根的面棍。虽然不影响吃,但是颜值就大打折扣了。

和花卷相比,银丝卷就像中国的园林,柳暗花明,渐渐明媚,变化而有惊喜。花卷就太直接了,像一座大敞窗开的屋子,一眼看到底。所以,珍惜那个在饭局上点银丝卷的人吧,一定是个热爱生活,富有情趣的人。

奶酪

奶 酪

奶酪就是发酵的牛奶制品。但是在北京,奶酪有个特有的样子,鲜嫩得像一块豆腐。

北京人对"宫廷"二字,有些迷恋。不是因为象征权力,而是因为代表着水准。

奶酪到了北京,就叫作"宫廷奶酪"。

过去,民间吃到奶酪的机会实在不多,因为鲜牛奶就是昂贵的食材,再把牛奶发酵最后冰成凉碗儿,还得配上松仁儿、葡萄干、枸杞子几样干果,这哪是老百姓能常常见到的吃食呢。别说老百姓,就是实力差一点的官贵,也不一定见过。

北京城里做小吃的师傅,牛奶发酵的手艺,应该是从我国北方游牧民族那儿学来的。奶酪在元、明、清时期,是宫廷专享的名贵小吃。

直到清末,御厨在民间创业,宫廷奶

酪才得以在北京的百姓面前亮相。

在北京，宫廷奶酪做得好的，自然是仿膳。人家可是清宫御膳房的原班人马。

后来才有了招牌"奶酪魏"。据说他们家的奶酪就得到了宫廷御膳师傅的指点。

再后来，新中国成立，有关部门组织厨行新人集中学习，老师傅们把自己会的手艺，集中传授。所以，宫廷奶酪开枝散叶，许多店都能制作。

当然，能制作和做得精细，是两回事。但是北京宫廷奶酪已经名声在外，有一次，法国总统希拉克访华，专门点了宫廷奶酪。北京的面点大师冯怀申先生，调整了固有配方，呈现的宫廷奶酪，惊艳了国宴现场。

有人说，宫廷奶酪的顶级检验标准，即是"合碗"。所谓"合碗"，就是做好的奶酪，把碗倒过来，看着像豆花似的奶酪，不能掉出来。但是也不能为了不掉出来，就损失了宫廷奶酪的嫩度，和奶酪有层次的香气。

这个世界上，极限永无止境，超越，才是乐趣所在。

一碗清凉的宫廷奶酪，芬芳次第绽放、奶香，然后是桂花香，回味还有淡淡的糯米酒香，最后是莫名的知足。

麻　花

麻花也是从北到南，各地基本都有的点心。陕西、山西、天津、湖北、河南、江苏吃麻花的历史都挺长。对北京影响最大的，当数天津麻花。

天津麻花的特点是大。北京人虽然去天津要买十八街的麻花当伴手礼，但是，北京自己的麻花，自己也喜欢。

北京麻花有甜、咸两个口味，体积没有天津的大，小巧玲珑，酥脆可口。有馓子麻花、芝麻麻花、蜜麻花、脆麻花各种款式。看起来北京人在麻花上，下的功夫多些。做得好的师傅，大多是清真店里的厨师。

孩子们当零嘴吃,大人当下酒菜。在北京人的生活里,麻花就是这么百搭。

北京小吃拾遗

冰　板

冰板是用去籽的山楂泥和少量冰水拌匀，放在长方形盒子中压实后出售。这种食品类似于现在的山楂糕，但不如山楂糕那样细腻。由于这种食品价格低廉，口感又好，当年冬季时，许多少年儿童会争相购买。

杂拌儿

旧时，北京一进入腊月，大街小巷经常会出现卖杂抓的小贩。杂抓又称杂拌儿，就是将柿饼儿、各种果子干儿、花生、酥崩豆以及糖果混合在一起出售。

因质量和价位不同，杂拌儿分为三等。小贩看见购物较少的顾客，会拿报纸叠成三角形的纸包，把数量不多的杂拌儿放进纸包里。这个纸包还叫"羊犄角"。有些商贩边走边吆喝，"您老过年好喜欢，吃了杂抓能抓钱，不挣钱的学生抓识字，大姑娘抓针线……"或者干脆吆喝着"吃来呗"。

土法冰棍

土法冰棍，20世纪20年代北京出现的一种冷饮。将整块的天然冰砸成碎块，放在大盆之中。再把数十个用白铁皮做成的直径2厘米，长约10厘米的圆柱状冰棍模子，插入碎冰块之中。然后将加入白糖、香精的凉白开水灌入冰棍模子之中，等到糖水凝固定型之后即可出售。随着制冷器械的运用，有些大的商铺在夏季加工冰棍等冷饮，为保证冰棍质量，加工时使用凉白开水。因此，有些店铺幌子上注明"熟水冰棍"。

果子干儿

果子干儿以柿饼和杏干为主料，配以藕片、桂花、金糕丝等辅料。《燕都小食品杂咏》中有"杏干柿饼镇坚冰，藕片切来又一层。劝尔多添三两碗，保君腹泻厕频登"。在此诗的注释中有"夏季之果干，系以杏干、柿饼等浸水中，上层覆以藕片，食者不觉有腹泻之虞"。

奶油镯子

奶油镯子据传是宫里流入民间的宫廷小吃。用奶油和面粉和在一起，做成手腕粗细的面圈，然后在烤炉内烤制。这种小吃带着奶香，香脆适口。

甑儿糕

甑儿糕是现做现卖的一种小吃。甑子是一种器皿，底部有许多小孔，下面可以加热，使糕蒸熟。笼屉为花盆状，里面放

甑儿糕笼屉

上十几个甑子。先将大米粉装进甑子里垫底，上面撒上豆沙、葡萄干之类的馅心，再用大米粉封口，表层再点缀些青丝、红丝。上锅蒸透了即可食用。早年间，甑子用陶土制成，以后改为铁质。

盆 糕

盆糕在制作时，先在炉子上放上蒸锅和笼屉，等到上汽之后，先将一层北京密云产小枣垫底，然后将九成熟的黄米面和红小豆，一层又一层地撒进锅里，最后用黄米面封口。蒸透后整盆年糕扣在案板上，商贩根据顾客要求切成块状出售。旧时，德胜门西侧的果子市南口路西，有家卖盆糕的商铺，由于口感很好，总是顾客盈门。

蜜 供

蜜供是旧时百姓们除夕上供祭祖的食品，清真店铺多用香油制作。《道咸以来朝野杂记》有"蜜供，素食也。为岁终供佛之用。以面条为砖，砌成浮屠形，或方或圆，或八角式。大者高数尺，小者数寸，外以蜜罩匀，大都摆样子者，不可食"。蜜供分大小两种。大的高一尺二寸，小的高九寸。

榅桲

榅桲是满语译音，为北京的一道著名小吃。选用北京远郊山里生产的小型山楂，洗净后去皮去核，在蒸锅里蒸熟。然后按照比例，在锅里加上清水、绵白糖，用文火继续熬制，直到山楂与糖水拉黏为止。放凉后即可食用。榅桲由于酸甜适口，开胃消食，北京城里的老人和孩子都很喜欢吃。

萝卜丝饼

萝卜丝饼

说到萝卜丝饼,人们就会想起一位叫刘广玉的大厨。刘广玉小的时候跟随父亲在什刹海的荷花市场以现场制作和出售萝卜丝饼为生。成人之后在东安门市场内摆摊。新中国成立后曾在王府井的春燕楼饭庄任面点厨师。后经黄镇介绍,在钓鱼台国宾馆任面案厨师,以制作萝卜丝饼等见长。周总理、朱委员长、陈老总、邓大姐、蔡大姐等党和国家领导人都非常喜欢这道小吃。金日成、西哈努克亲王等国外来宾也是大加赞赏。

萝卜丝饼又称萝卜丝油酥饼。从外观上看,油酥饼挺像螺丝转,外表是一圈又一圈的。但它是用水和面,面里不加一点油腥。等到面醒好后,分成一两多重的剂子。把剂子擀成一米多长面皮,放入加工好的萝卜丝馅心,把面皮按照三角形的样子一点点卷起来,拍成扁平状,放在饼铛上烙制。等表皮颜色焦黄之后,再放在烤炉中用文火烤制。萝卜丝饼外焦里嫩，芳香可口，为当年国宴上的一道著名小吃。

冰碗儿、雪花落儿

荷花市场的冰碗儿、雪花落儿是夏季的时令小吃。用容器将碎冰碴儿垫底，在藕片、莲子、菱角、鸡头米上撒上白糖，此种时令小吃亦称冰碗儿。北京城曾流传过"六月炎威暑气蒸，擎来一碗水晶冰。碧荷衬出清新果，顿觉清凉五内生"的打油诗。

雪花落儿又叫刨冰，用个带手摇钻的刨床，把冰块卡在刨床上。随着钻头的摇动，冰碴儿就像雪花一样，落在刨床下面的器皿里。吃的时候，将一些酸甜味的汤汁浇在冰碴儿上。

盛夏时节，荷花市场还有八宝莲子粥、荷叶粥、酸梅汤、鸡头米等时令冷饮上市。

糖葫芦

糖葫芦，有大小之分。

大串糖葫芦，用山里的荆条穿上山里红，将饴糖刷在山里红的表皮上。顶部插上红色或绿色小三角旗。当年，在北京有两处卖糖葫芦的最为出名。一处是正月里东琉璃厂的厂甸，另一处是冬天和春天的大钟寺。大糖葫芦色彩鲜艳，自有一番风景，也为厂甸、大钟寺增添了节日气氛。

卖冰糖葫芦

蘸糖葫芦

草莓糖葫芦

小串糖葫芦是用溶化的白糖或冰糖粘在用竹扦儿穿成串的山里红上，以后又演化有荸荠、山药蛋、鲜果等。

烀白薯

烀是北京方言土语，是一种烹饪方法。把食物放在锅里，加上水，盖好锅盖，用文火半蒸半煮，使食物熟透。

旧时老北京一进入冬季，街头巷尾总能见到卖烀白薯的小贩。他们大多是游商，推着独轮车，车上有个大铁锅，铁锅下有个铁皮做的小炉子，不断地给铁锅加温，铁锅的直径将近三尺，里面一圈一圈的有秩序地码满了麦茬白薯。什么叫麦茬白薯？就是北方夏天收割完麦子，在麦地里种的白薯，这种白薯是长不大的，但十分甜。北京人不管薯芯儿是什么颜色，统称白薯，其实这种应该叫红薯，它是棕红色的细长条儿。从地里刨出来，放在菜窖中储藏一段时间，其中的淀粉就充分糖化了。入冬以后，取出来除去根须子，洗干净放在大铁锅中加上水，文火慢煮，为了防止糊锅，在锅底上放一个直径一尺多的圆形石片，石片上均匀地钻出几十个圆洞，白薯就不会接触到锅底了，下面有层水隔着，小火慢煮。几个小时以后，开锅看吧，锅内摆放整齐，熟透了的白薯全吸足了水分，表皮呈现出闪闪发亮的棕红色，吃一口，薯瓤绵软，简直就是一兜蜜。放到嘴里不用去皮，不用咀嚼，用舌头往上腭一顶，立马散开，在嘴里反复翻转，那特有的浓郁香甜，真是有妙不可言的美味。尤其牙口不好的老人，更爱这口儿，嘬里面稀软的薯瓤。这东西价格是很便宜的，那真是老少咸宜啊！

卖白薯的小贩，在车上放一摞小瓷碟儿，在另一个筒里放许多竹扦儿。谁要买烀白薯，小贩手中拿一把长刀子，伸到锅里插在白薯肚上，托起来一个个的码放在小瓷碟儿中，再用一个木把儿上拴一大绺白麻的工具，蘸上棕红色、黏稠的如蜜一样的汤汁儿，淋在瓷碟中的白薯上，晶莹剔透，散发着扑鼻的香味，那真色、香、味儿俱佳呀！尤其到了快卖光的时候，锅底的一层白薯，格外的烂软，再加上像蜜一样的红亮黏汁儿全都露出来了，这时要买可以多得到蜜汁儿，所以就有人为了吃这一口儿，宁可站在旁边，等着这锅底的精华。

有道是："麦茬白薯细又长，文火慢煮软绵香。京城一绝烀白薯，锅底最甜人争尝。"

扒糕、凉粉儿

北京一入伏天儿，就是进入"烧烤"模式了。人们为了解暑热，在入口的食物上就喜欢吃些凉的，除了吃冰棍，饮凉茶，喝败火的冰镇酸梅汤等饮品，在吃食上，就有了家家离不开的凉面，百吃不厌的扒糕、凉粉儿。大家都熟悉的凉面就不用说了，只是这扒糕、凉粉儿，现在可少见了。

过去的扒糕的原料是荞麦面和少量榆皮面混合成的，榆皮面就是取下榆树的皮磨成面，由于它含有大量的植物黏液，就相当于天然的食用胶，把它加到荞麦面里，就特别筋道，吃起来爽滑有嚼劲儿。那时一是城市人口少，二是农民还不懂植物的可持续发展，榆树刮下皮又不能再生，所以现在很难有此物了。把混合好的面先用水搅拌成稠面糊，然后上锅蒸，待熟后稍晾一会儿，趁温热做成小圆坨，有烧饼大小，放在冰上或凉水中拔凉，颜色是浅灰色。夏天卖扒糕的都是与凉粉儿一起卖。凉粉儿的原料是绿豆制成的淀粉，用水调匀后，锅里放入凉水，待煮沸后，把淀粉水倒入开水中，等到熬成黏稠透明状的时候，关火等它自然凉，变成肉冻儿状态，白色半透明而有弹性，切成方块，放在冰上镇着。还有人把淀粉汁倒入漏勺，一点儿一点儿地漏到开水锅里，煮成后像小鱼儿形状，两头尖中间大肚，起名叫"拨鱼儿"，捞出来放在凉水中冷却。

扒糕和凉粉儿用的调料是一样的。首先用水调好芝麻酱，其他的如酱油、醋、胡萝卜丝、蒜泥、芥末酱、辣椒油等各盛器皿中。在老北京人聚集之地，必有卖扒糕、凉粉儿的摊商，像白塔寺、护国寺、隆福寺等庙会上，在夏天都搭棚设座。案上摆着大木盆，里面放一块冰，冰上盖一块白布，上面放着半透明的块状凉粉儿，木盆里放冰水泡着扒糕。案子上摆着作料罐。摊贩大声吆喝："筋道儿的扒糕，酸辣的凉粉儿啦！请吧您哪。"待吃客坐下，才用左手托起扒糕或凉粉儿，右手用刀切成小块状，或用挠子刮成细条，或应吃客要求直接盛一碗"拨鱼儿"再浇上各种调料，只有醋和辣椒是吃客根据自己口味自己放。

糖耳朵

老北京的小吃太丰富了，得有几十种吧！这些小吃以回民制作的居多，老北京人称之为"清真食品"。例如西城的"年糕张"，南城的"南来顺"等，都是制作清真小吃的著名字号。

我小时候最爱吃的小吃有很多种，其中之一就是"糖耳朵"，也叫"蜜麻花儿"。据传有一位公子请心仪的小姐吃美食，点的佳肴中就有一种当时市面很少见，只有有钱人才吃得起的食品，端上来一看，吓小姐一跳，此物竟像人耳朵，公子忙不迭给她介绍，此物叫"糖耳朵"，也叫"蜜麻花儿"，小姐一吃，芳心大悦，赞不绝口，可见此物的诱人啊！形状似人耳，颜色红中黄，手掰拉糖丝，软糯焦脆香。

制作"糖耳朵"可真是一门手艺。首先要用和好的发酵面，对上适量的碱，不能有酸味，用另外的一块面和上红糖，把发酵的面分成两块，分别擀成薄片状，把备好的红糖面夹在

糖耳朵

两个薄片中间,这样就成了三层,中间为红糖面,上下为发酵面,用刀切成5厘米左右的长条,再切成大小均匀的小块,从小面块中间划一刀口,然后撑开刀口,将一面往里翻过去,就成耳朵形坯子了。待火上油锅中的花生油烧到五成热,分批将坯子入油炸,要炸透呈金黄色时捞出,沥尽油,趁热在温热的饴糖汁中浸泡几分钟,这时会听到躲在蜜糖中"耳朵"的吱吱叫声,这道工序叫"过蜜",等饴糖完全吸收后,捞出在篮子里凉凉,表面就结成光泽的一层硬壳,如釉般闪亮。这里面的两个关键环节不可偷工减料:一是要慢火炸透,否则不焦不脆,二是"过蜜"要充分,否则蜜糖吸不透。我就吃过品质差的"糖耳朵",到手掰开一看,里面全是白面,干巴呲裂,没有红糖面夹层,没有糖蜜,真还不如炸馒头好吃,实在大伤胃口。

我小时候,北京的小吃店铺基本都有"糖耳朵"卖,也有设棚边做边卖的摊商,我就喜欢站在旁边看他们制作的过程，那师傅动作的干净利落，那一个个色泽亮丽、甜而不腻、手掰如藕断丝连般的"耳朵"，看着就是一种享受啊！那时也有走街串巷的游商，到胡同里叫卖，但质量就难保证了。

味觉的记忆，会终身留在脑海里的，何况老北京的小吃，从外形到制作，那本身就是一门艺术啊！难怪前人有人作诗曰："耳朵竟堪做食耶？常偕伴侣蜜麻花。劳声借问谁家好，遥指前边某二巴。"

盐水煮花生

过去老北京的地界，比现在的北京可小多了。有句俗话"内九外七皇城四"，说的就是北京内城有九个城门楼子，外城有七个城门楼，"皇城四"是说皇城东西南北有四个门楼，即东安门、西安门、中华门、地安门。这就是老北京的范围，其实就是现在的二环以内这么一小块地儿。出了二环就是农村了，一望无边的都是庄稼地，农民生产出的粮食瓜果蔬菜运到城里很方便，路程近，推车挎篮都不是事儿，走街串巷吆喝卖的也就多了。所以当时北京城里吃的都是时令农产品，什么季节吃什么食物，久而久之也就成了生活习惯。

秋天是收获的季节，大量的新鲜的农产品由农民肩挑车载涌入了城，城里人可就真有口福了。北京郊区盛产花生，秋天花生成熟了，农民从地里刨出花生，就把其中一部分加工成熟食，如炒花生、煮花生等，这样就好卖出，可以多卖些钱。就拿这煮花生来说吧，先要把新鲜花生用清水把上面的泥土洗干净，然后把每个花生都在上沿边儿的地方捏开一个裂口，为的是好入味儿。随后把开口的花生倒入灶上的大柴锅，加水，用柴火烧开，然后放入花椒、大料、桂皮和大盐粒，开锅二十多分钟，最后放入少量的白胡椒粉和陈醋来提味儿，这一锅盐煮花生就齐活了。煮是煮好了，但不能立刻去卖，必须捞出来放到大瓷盆里，在五香的盐水汤汁浸泡一夜，让每粒花生充分入味儿。第二天一早就可以捞出放在柳条筐中，挑担或推车进城串胡同吆喝："五香咸落花生！""鲜花生哎咸花生，五香咸花生！""好香的下酒菜哎！"

农民在加工花生的过程中投入了时间、劳力、辅料等，必然就提高了花生的售价，一斤煮花生，可以加一倍或更多的价格卖出，农民就是靠勤劳挣一点儿血汗钱啊。家里有时也买生花生自己煮，但总感到味道不如农民卖的好吃，听奶奶说是因为用的是大柴锅，烧的是灶火，煮出的东西都有香味儿，也可能吧！

五香花生大人孩子都爱吃，在那物质贫乏的岁月，煮花生就成了秋季零食的主角了。我记得那时家里的男性长辈都喜欢喝白酒，煮花生就成了他们最常吃的下酒小菜了。小孩儿也特别爱吃，因为花生不但美味，而且含有丰富的营养物质，对孩子长身体也特别有好处，在零食匮乏的年代，大人听到胡同卖煮花生的吆喝声，也经常给买一大盆，既有营养，又饱腹管饿，还能让不时闲儿的孩子安静好一会儿，那真是大小同乐了。

从 20 世纪 60 年代开始，农产品都统购统销了，农民个体不能私自出售，卖煮花生这一行也就在京城绝迹了。过年每家凭本到副食店按人口比例购买瓜子花生，现在五花八门的零食都数不清了，哪个家里的孩子不是变着花样吃玩儿，但唯独那不起眼儿的吃煮花生的滋味，却成了我童年生活的美好记忆。

刻萝卜花

萝卜白菜是老北京人的看家菜。几十年前，一到冬季，北京是大雪纷飞，天寒地冻。在市场上很少有卖鲜菜的了，一般老百姓只能吃冬贮大白菜和窖中储存的萝卜了。

萝卜的品种很多，有大白萝卜、胡萝卜、卞萝卜、心儿里美水萝卜等等,这些萝卜既是营养丰富的蔬菜,有的也可当水果吃。比如心儿里美水萝卜,小贩在吆喝时也高喊:"萝卜赛梨啦!"

这种萝卜主要是生吃。从外观上看,圆胖胖的身材,从顶部的深绿,往下渐变成浅绿,最后成白色。鲜灵灵的外衣十分美丽,切开看,紫红色的心儿,向四周扩散,颜色渐变成浅红,还间有白色的向外放射的线形,所以俗称心里美。它的水分十分充足,吃在嘴里酥脆爽口,还带点儿甜味儿。在冬季蔬菜稀少的饭桌上,一大盘拌水萝卜丝摆上,真是养眼、开食欲,有营养,孩子们会瞬间扫光。那时有句俚语说:"吃萝卜,喝热茶,气得大夫满街爬。"这是说食用后清热顺气的功效,都会让医生失业了。

北京从辽建都,到现在已有一千多年了,作为帝都,尤其衣食住行,都力求精致。在吃上,讲究"色、香、味",这色,就是指食物的色彩要鲜亮,造型要美,虽是一种普通食物,却也要尽量像艺术品,也体现了北京老百姓的生活情趣。

水萝卜就兼具了色美味甘的品质,它绿皮红心,色泽鲜艳,甘甜爽口,尤其是质地柔韧,很容易塑形。最初是卖萝卜的小贩为了招揽生意,肩挑担子的筐内装满洗得干干净净的水萝卜,用一把锋利的小圆口刀,先在萝卜头上横切一刀,露出红心儿,然后从上往下把绿皮削开,再横竖切若干刀,萝卜心儿就切成一条条的了,用手一掰,就可以很方便地吃了,所以过往行人买的人很多,边走边吃。

有了销路,买的人多了,小贩自然高兴,有心灵手巧的小贩,发现萝卜质地柔韧的特点和外绿内红的色彩,可以把它削成花朵盛开的造型。他们边卖边当场表演,所以担子周围也吸引了不少人,我就属于最爱看的观众,到现在我还记得刻萝卜花的技巧。卖萝卜的小贩手拿萝卜去缨儿去尾,先把外皮削下来留着,然后从中间一剖两半。先从最外边削刻出五个花瓣儿，用手把削得很薄的花瓣儿向外轻轻压弯，然后向里削第二层，这样由外向里一层层地削，花瓣儿也变得越来越小，都向外翻压弯曲，然后把开始削下的萝卜皮衬在下面做花托，大功告成。从形到色真像一朵盛开的花朵，赢得围观群众的啧啧称赞，就为饱了眼福，也得多买他的萝卜啊！如果就等着要这刻成花的萝卜，自然价格也会上涨，这里有手艺钱了。后来在饭馆中，也出现了刻萝卜花作为装饰菜肴的配菜。当时有一家面馆，在每碗热汤儿面上放一朵萝卜花，此举大受欢迎，名噪一时。我听说在北京饭店招待贵宾的宴会上都出现了萝卜花，让外宾赞叹不已。这不起眼的寻常百姓蔬菜，却因为添加了百姓的智慧和手艺，而登上了大雅之堂。

锅　饼

　　锅饼是北方人爱吃的一种很有名的面食，它原产于山东，后来传入京城。山东的饮食文化对北京影响非常大，老北京的著名餐馆以鲁菜一统天下，像同和居、丰泽园、庆云楼、泰丰楼、东兴楼、翠华楼，这些响当当的字号都是做鲁菜的。

　　北京是一个移民城市，以北方人居多。北方人爱吃面食，所以山东人也把他们的家常主食饨面馒头和锅饼传入了京城，并在百姓饭食中占有了一席之地。这两种食品原料当然都是面粉，不同点是馒头是蒸制的，含水分要多些，虽然是饨面，但相对来说还是柔软的，吃时要蒸透热吃为佳。而锅饼是用铛烙熟的，面含水量少，坚硬而耐贮存，吃时不用蒸热，掰一块放嘴里越嚼越香。

　　做锅饼的面是把发酵的面加死面和在一起，反复加干面粉揉，越揉越硬，最后要在杠子上再揉压，揉法与做饨面馒头方法相似。面团儿的充分揉压使面变得十分光滑细腻有韧性，然后把五六斤重的面团儿用大长擀面杖擀成两寸厚，直径一尺五左右的大圆饼形状，上面撒上芝麻再压一下，让它们入面防脱落，最后用木制的刻花模子，在面饼上印出花纹图案，案板上的活儿都完成后，把大饼放在特制的大饼铛上，用文火慢慢烤熟，大约要烤上两个小时。表面焦黄色，图案花纹也突显出来，简直就是一件工艺品，好看又好吃，掰开大如锅盖的锅饼，里面白细，分几十层，那真是外焦里嫩，香味儿扑鼻。

在过去物质十分匮乏的年代，锅饼对老百姓来说也是奢侈品，只有过节才能吃上。从事体力劳动的人吃一顿锅饼那真是抗饥饿顶时候，干活儿休息时买一大块儿，不用加热，不用就菜，如能上面抹点儿酱，那就是一顿美餐了。

牙口差一些的人嚼着费劲，可以把锅饼切成一寸多长的片状，再用猪肉丝和大葱加油在锅里煸炒，接着加酱油和白菜丝，最后添上一碗水，待水开了以后把锅饼片倒入锅中，用文火慢慢烩，等锅饼吸足了汤汁，变得柔软了，肉香葱香也渗入饼中入味儿了，最后撒入拍碎的蒜末，真是吃起来既有嚼劲儿又香软，对老人小孩来说也是粮菜肉兼有的美食了。

现在做锅饼的越来越少了，北京的开放包容，使得饮食也更多样化、便捷化，而这种带有地方特色，制作又复杂的面食自然就变少了。20世纪50年代在北京的庙会集市上还有卖的，之所以叫锅饼，是因为制成了的大的如锅盖，重六七斤，一般家庭吃饭谁家买得了这么大的啊，所以更多的是切成三角块儿卖。